異邦から／へのまなざし

見られる日本　見る日本

白幡洋三郎
劉建輝
Liu Jianhui
編著

思文閣出版

序言

見られる日本
見る日本

❖日文研所蔵「外像」と「外地」絵葉書について❖

国際日本文化研究センター（以下、日文研と略す）は、一九八七年の創立以来、海外の日本理解を把握するための一次資料として、およそ三〇年にわたって「外書」と「外像」の蒐集に努めてきた。外書とは、この場合、おもに外国語で書かれた日本研究書や海外で出版された日本関連書籍を指すが、「外像」は、そういった世界各国で刊行された日本文化資料から抽出した写真や挿絵等の画像と書誌情報を主な内容としている。どちらも二〇一六年時点で六万点を超え、世界に冠たる所蔵数を誇っている。これらの「外書」「外像」資料を通して、われわれは、およそ一八世紀以来、世界の国々、とりわけ欧米諸国において、日本という存在がいかに研究され、表象されてきたかをつぶさに把握することができ、また海外における日本認識や日本像がいかなる経緯で形成されてきたかについても詳細に確認することができるのである。それはなかんずく、長きにわたって日本が欧米諸国という他者からいかに見られてきたかということが如実に示されており、その検証はまさに「日本研究」の最重要課題の一つとして位置付けるべきである。

他方、日本は世界有数の歴史伝統を有する国として、遠き古代から、近隣の朝鮮半島や中国はもちろん、インド、中東アジア、さらにヨーロッパ諸国にも多大な関心を持ち、数々の諸外国事情本、また諸外国像をなかば想像を交えながら時代ごとに産出してきた。とりわけ明治時代以来、日本は、「鎖国」という束縛から解放され、また「帝国」として周辺に膨張し始めるにつれて、ツーリズムや写真といった近代的「装置」をフルに利用し、莫大な数にのぼる外国表象を創出し、さまざまな対外イメージや外国像を作り上げた。これらは、日本がどうやって外部の他者を見てきたかという、見る日本の立場を意味し、そこには日本が外部の対象を主体的に取捨選択し、自らの意志でそれらを表象する国家的ないしは個人的な意図と心情が色濃く反映されている。その意味で、「見る」日本は「見られる」日本とまったく同等か、場合によってはそれ以上に日本の内実を現している。そのため、そういった表象への探求もまた当然、「日本研究」におけるもう一つの最重要課題として認めるべきであろう。

　このような認識のもとで、日文研はここ十数年、従来の「外書」「外像」蒐集を続けると同時に、近代日本の旧植民地関連画像資料、中でも「外地」と呼ばれた旧満洲や、朝鮮、台湾、中国大陸占領地などの絵葉書や古写真についても積極的に調査・蒐集し、現在ではすでに二万点を超える一大コレクションを形成している（一部旅行案内と日本国内絵葉書を含む）。数量的には「見られる」視点に立った従来の「外像」にはまだ及ばないが、しかし帝国日本がいかに自らの周縁を認識し、またいかにこれらの「外地」を表象してきたかという「見る」日本を検証するには、きわめて価値の高い一次資料となっていると自負できよう。

　ところで、二万点を誇る日文研所蔵の絵葉書コレクションは一体どのように形成され、またどのような内容となっているのか。以下、簡単ながらその蒐集経緯と所蔵状況を紹介しておこう。

日文研では、創立以来、「宗田文庫」「野間文庫」「海野文庫」「日中文庫」などの大型文献寄贈を断続的に受け入れてきた。それに付随する形ではあるが、これらの文庫の中にはすでに多くの絵葉書が含まれていた。たとえば、「宗田文庫」には美術展や絵画等の絵葉書帳（一〇件、四二九枚）が入っているが、すなわちその代表的な例である。しかし、より集中的に絵葉書が所蔵されたのは、やはりその後の団体や個人による大小規模の寄贈に由来する。順不同にこれらを列挙すると、日本全国の寺社絵葉書「全国名所旧跡寺社絵葉書コレクション」絵葉書帳三八九件（三二五二枚）、ジャポニズムや日英博覧会等の海外製絵葉書「日本関連絵葉書コレクション」絵葉書帳一一件（七九九枚）、総合研究大学院大学から寄贈された戦時中の旧植民地絵葉書を中心とする「福岡県立嘉穂高等学校旧蔵絵葉書」絵葉書帳一八件（二〇一六枚）、また旧蔵者の名前を冠したコレクションの一部を構成する絵葉書帳として、「天沼俊一博士旧蔵朝鮮関係資料」中の絵葉書帳七件（五四枚）、昭和期のキリスト教関係資料を集めた「高橋虔氏旧蔵図書」コレクション中の絵葉書（三八六九枚）などである。

そして近年においては、日文研が担当する人間文化研究機構「日本関連在外資料の調査研究」プロジェクト・カテゴリーB「近現代における日本人移民とその環境に関する在外資料の調査と研究」事業の一環として、さらに古書店、個人コレクター、所蔵者の遺族等からの購入や寄贈による関連資料の蒐集に力を注ぎ、従来の所蔵を一層充実させた。中でも、『広辞苑』の編者として知られる言語学者、元京都大学教授の新村出が明治末期、欧州留学中に収集した海外絵葉書約三千枚がご遺族により寄贈されたのは、とりわけ大きな収穫と言える。新村コレクションの寄贈により、日文研の絵葉書所蔵は、単に量的に増加したのみならず、そのヨーロッパの風物を中心とする内容は分野的にも新しいジャンルとしてきわめて貴重な研究資源となっている。

そして、これらの絵葉書の所蔵状態はと言うと、一部未整理のものも残ってはいるが、整理済の絵葉書については、アルバム形式のケースに入れて絵葉書帳という形で日文研図書館に保管されており、現時点では約九〇〇件にのぼっている。これらの絵葉書帳は、九割以上は日本や「外地」の日本関連施設で作られたものであり、図像の内容が日本国内の風景や風俗であるものは約四六〇件、旧植民地等の「外地」の風景や風俗は約三八〇件、欧米の風景や風俗は約二〇件、その他は約四〇件である。日本以外の図像を描いたものを国別で見ると、旧満洲を含む中国がもっとも多く、次に朝鮮、台湾、南洋等が続いている。なお、全般的に発行年代は特定しにくいが、大部分は明治後半から昭和前期、終戦までのもので、戦後はごく少数に止まっている。

このように、日文研は創立以来、いわゆる異邦からのまなざしという「外像」と、異邦へのまなざしという「外地」絵葉書を、一つの継続した問題意識のもとで蒐集し、その数も両者を合わせて約八万点を誇るに至っている。そして、この度、創設三〇周年を迎えるのを機に、この約八万点から五〇〇点ほどを抽出し、大よそのテーマに分けて編集し、一冊の資料集として刊行することにした。ここには、繰り返すが、近代以来、日本という存在がいかに外部から見られ、またいかに外部を見てきたかという表象論的な事象のみならず、日本自身がいかに外部のまなざしを内面化し、そしてそれに基づいて外部を見始めたかという文明論的な継承・踏襲も不十分ながら確認することができるだろう。専門職の研究者に限らず、一般の読者にも広くご利用頂くことを切に祈念する次第である。

劉　建輝

もくじ

第一部

異邦からのまなざし

見られる日本

❖見られる日本

一八世紀初頭から一九世紀末にかけて、日本を訪れ、直にその社会や文化を記した欧米人による日本の表象は、おもに次の三つの時期になされたと言える。

第一期は、たとえば、フィリップ・フランツ・フォン・シーボルト（一七九六～一八六六）らに代表されるような、おもに長崎・出島に来ていたドイツ人医師等によるもので、その多くは、彼らの特権的な滞在体験に基づく日本に対する詳細な見聞録となっている。

第二期は、一八五三年のペリー来航以降に相次いで日本を訪れたアメリカやロシア、イギリス、オランダ等の軍人や外交官、通訳等の手による記録である。時間的にはわずか六年弱ほどだったが、『ペリー日本遠征記』（マシュー・ペリー）、『ペリー日本遠征随行記』（サミュエル・ウィリアムズ）、『ゴンチャロフ日本渡航記』（イワン・ゴンチャロフ）、『日本滞在記』（タウンゼント・ハリス）等の名著が残されている。

第三期は、いわゆる安政の開国後に来日した外交官や宣教師、あるいは植物収集家や画家、写真家等によって切り出された表象で、それらの内容は、彼らの活動範囲が比較的広く許されていたこともあって、きわめて多様に幕末～明治期の社会・文化事象を網羅していると言ってよい。

そして、表象の主体が、医師から軍人や外交官、さらに宣教師や画家、写真家、旅行者等に拡大されるにつれ、その対象への関心や描写の視角も変化し、当時の日本表象は、実に百花繚乱の様相を呈している。

　このように、日文研所蔵の約六万点の「外像」には、こういった異邦からのまなざしのさまざまな側面や、時期ごとの変化などがリアルに反映されており、まさに貴重な一大コレクションに相応しいものとなっている。しかし如何せん、そのすべてをここで提示することは不可能で、今回は、おもに第三期のコレクションから画像を抽出し、おおよその分類・整理を行った（一部は第一期、第二期のものも含む）。

　分類のテーマとしては、「自然」「市街・建築」「職業」「生活」「娯楽」「遊技」「行事」「女性・子ども」「物語」という九項目を立てている。しかし、これはあくまで編集上の都合であり、表象の内実を規定しようとするものではない。

　ただ、各テーマ別に収めた画像数は、それぞれ所蔵する全「外像」のテーマ別の数に比例するように考慮している。そのため、これを見れば、たとえば、なぜ、フジヤマ、ゲイシャ、そしてサムライがその後の日本を代表するイメージとなったのかという理由の一端が分かるかもしれない。それだけ、ここにはそれらに対する、執拗かつ好奇心に満ちた異邦からのまなざしが溢れているのである。

1 ❖ 自然

一九世紀半ば頃から次々と開設された各郵船会社の航路による制限もあって、この時期に日本を訪れた外国人の多くは、いずれもまず横浜か長崎、あるいは神戸に上陸した。これらの港へのアプローチの途上で、真っ先に彼らの目に飛び込んできたのは、空高く聳える富士山、または入り組んだ長崎海岸か、幾重にも連なる六甲連山の雄大な景観であった。そして彼らを驚嘆させたこれらの自然風景は、本人たちのその後の日本を見るまなざしを規定しつつも、美しき日本のさらなる発見への誘いにもなったと思われる。

001　1897年

柏原から見たときの富士山.
Mount Fuji as seen from Kashiwabara.
（ブランクリー『日本』江戸版）

OO2　1904年

富士山

（ブラウン『日本—土地と人』）

003 ［1890年代］

富士川からの富士山

Mt. Fuji from Fuji River.

（『ミカドの帝国の60の選ばれた写真』）

004　1858年

小田原の湾から見た火山富士山

Vulkan Fusi-yama von der Bai von Wodawara gesehen.

（ハイネ『中国・日本・オホーツク海域への遠征』第2巻）

005　1855年

フジヤマ［富士山］

Foogee Yama.

（スポルディング『日本遠征』）

006

舟と富士山

（ファサリ商会）

007

橋と富士山

（ファサリ商会）

008 ［1869年］

富士山への巡礼者
Pilgrims to Fuji-no-yama.
（ベイツ『絵入り旅行記』第4巻）

009 1905年

富士山への巡礼者
A pilgrim to Mt. Fuji.
（ノックス『日本の都市といなかの生活』）

010 1895年

「あれが富士山だ，神様の山だよ！」
"And that is Fuji - the sacred mountain !"
（グルセ『日本での小学生の日々』）

011　1881年

須走, 富士山のふもと

Subashiri am Fuss des Fuji-no-yama.

(ライン『ミカドの国の自然と国民』)

012　1863年

箱根湖

The lake of Hakoni.

(オールコック『大君の都』)

013 ［1890年代］

川合橋からの富士

Fuji from Kawai Bridge.

（『ミカドの帝国の60の選ばれた写真』）

014 ［1890年代］

吉田から精進への途中の西湖からの富士山

Fujiyama from Nishinoumi Lake which is on the way to Shoji from Yoshida.

（『ミカドの帝国の60の選ばれた写真』）

015 1901年

富士山

Fuji san.

（ピーリー『日本の要点』）

016　1852年

御嶽(信濃)
Mi-Take. (in Sinano)
(シーボルト『日本』)

017　1852年

小野岳
Wonoga-Take.
(シーボルト『日本』)

018 1852年

御嶽, 雲仙岳

Mitake. Wunzentake.

(シーボルト『日本』)

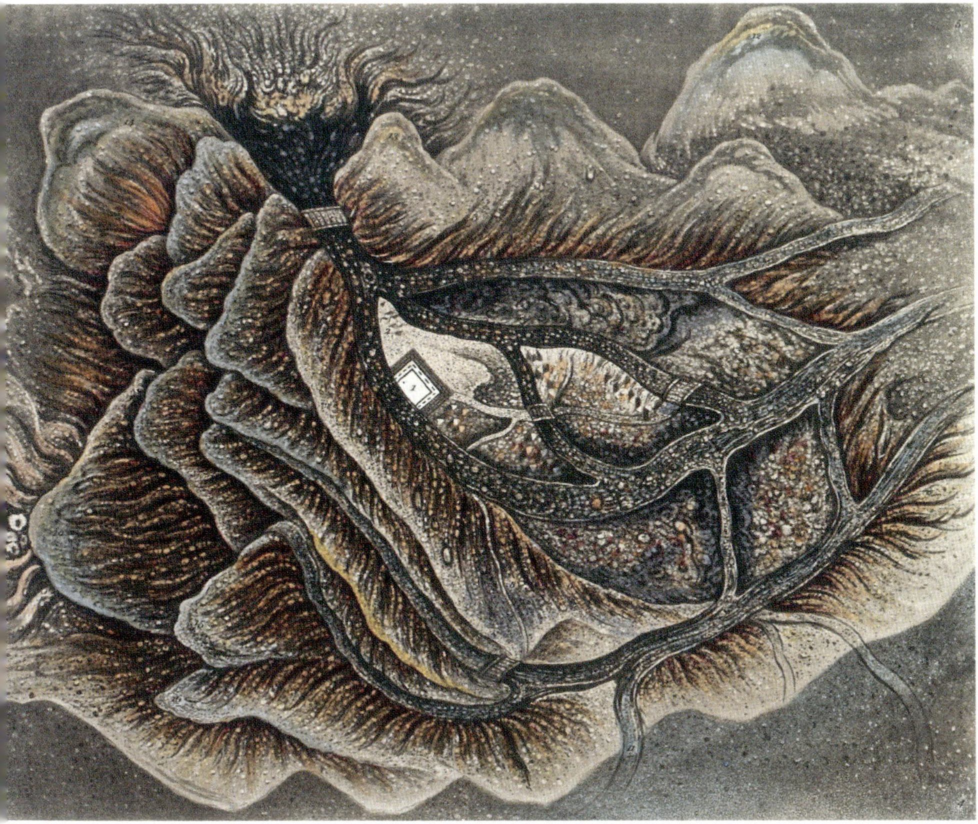

019　1822年

島原地方の地震, 火山爆発, 洪水

Earthquake, Volcanic Eruption, & Inundation in the Province of Simahara.

（ティッチング『図解日本』）

020　1856年

ヴァンダリア断崖［赤崎］から見た下田

Simoda from Vandalia bluff.

（ホークス『アメリカ艦隊による中国海域および日本への遠征記』）

021　1818年

パッペンベルグの岩壁

Rocher de Pappenberg.

（ブルトン『日本—その帝国の住民の風習，作法，衣服』）

022　1887年

日本の風景
Japanese landscape.
（ウェルトハイマー『村正の剣』）

023　1885年

日本の景色
Paysage japonais.
（ノルデンシェルド『ヴェガ号の航海』）

024　1897年

神戸の雄滝すなわち“男滝”
On-daki or “Male fall” at Kobe.
（ブランクリー『日本』第5巻）

025　1892年

布引滝, 神戸
Nunobiki Waterfall, Kobe.
（ガーディナー『見たとおりの日本』）

026　[1890年代]

布引の滝

Nunobiki Waterfall.

(『ミカドの帝国の60の選ばれた写真』)

027　1863年

長崎湾と長崎の町の一部

The bay and part of the town of Nagasaki.

(ダルメイダ『マニラと日本への一貴婦人の訪問』)

028　1856年

ウェブスター島［夏島］からの風景，江戸湾
View from Webster Isld., Yedo Bay.
（ホークス『アメリカ艦隊による中国海域および日本への遠征記』第1巻）

029　1891年

横浜から“断崖［山手］”への新しい道
Der Neue Weg nach dem “Bluff” von Yokohama.
（エクスナー『日本，土地及び日本人の描写』）

2 ❖ 市街・建築

一八九九（明治三二）年の外国人居留地の廃止と内地雑居の実施まで、外国人が自由に日本国内を旅行することは許されていなかった。そのため、この時期に外国人が観察できたのは、ほとんどが居留地のある港町であった。その限られた活動範囲の中で、彼らは独自の好奇心と美意識により、従来の日本人が景観としてはまったく認識してこなかったさまざまな町の風景を発見し、伝統的な表象とは異なる各町の魅力を新たに描出した。

030　1897年

横浜の百階段. 断崖の縁に建つ茶屋

The one hundred steps at Yokohama.

（ブランクリー『日本』第7巻）

031 ［1890年代］

長崎港への入口

Entrance to Nagasaki Harbour.

(『ミカドの帝国の60の選ばれた写真』)

032　1870年

長崎居留地

Le quartier franc a Nagasaki

（アンベール『幕末日本図絵』第2巻）

033　1850年

長崎

Nagasaki

（デュボア『日本・インドシナ』）

034　1861年

長崎・出島周辺市街図

Plan Japonais de la Ville de Nagha-saki.

（シャシロン『日本，中国，インドに関する覚書』）

035　1870年

横浜のフランス人街の一部
Partie du quartier franc a Yokohama
(アンベール『幕末日本図絵』第1巻)

036　1884年

横浜港と市街, 写真より
La ville et le port de Yokohama, d'aprés une photographie
(デピン『日本』)

037　1895年

長崎

Nagasaki

（トリストラム『日本そぞろ歩き』）

038　1898年

神戸（日本）

Kobe (Japon).

（ウフトムスキー『ロシア皇太子殿下（ニコライ）の東方旅行』）

039　1870年

四国の丸亀城（瀬戸内海）

Le chateau de Marougamé, sur l'ile de Sikoff (mer intérjeure)

（アンベール『幕末日本図絵』第1巻）

040　1856年

下田の八幡宮神社

Temple of Hat-chi-man-ya-chu-ro, Sintoo, Simoda.

（ホークス『アメリカ艦隊による中国海域および日本への遠征記』第1巻）

041　1897年

本牧の海岸保養地. 横浜の近郊

Seaside resort at Hommoku. A suburb of Yokohama.

（ブランクリー『日本』第5巻）

042　1897年

横浜近郊の横須賀. 以前は貧しい村だったが今は繁栄している町で, 官営の造船所がここにある

Yokosuka, near Yokohama. Formerly a poor village and now a thriving town, the government dock-yard being located there.

（ブランクリー『日本』第9巻）

043　1897年

本牧の海岸保養地，横浜近郊

Seaside resort at Honmoku. A suburb of Yokohama.

（ブランクリー『日本』第2巻）

044　1897年

横浜港の荷揚げ場

A landing place in Yokohama harbor.

（ブランクリー『日本』第5巻）

045　1861年

横浜でのアメリカ側の贈り物の贈呈

Overgave der Amerikaansche geschenken te Yokuhama.

（シュテーガー『日本渡航者，もしくは開国した日本』）

046　1897年

浦賀でのアメリカ人の上陸

Landing of the Americans at Uraga.

（ファン・ベルゲン『日本物語』）

047　1897年

横浜と港の眺め

View of Yokohama and harbor.

（ブランクリー『日本』第1巻）

048　1897年

宮島の鳥居
Torii at Miyajima.
（ブランクリー『日本』第3巻）

049　1897年

伊勢山［伊勢山皇大神宮］鳥居, 横浜
Torii at Iseyama, Yokohama.
（ブランクリー『日本』第6巻）

050 1903年

東京, 九段, 靖国神社の銅製の大鳥居

(レガメ『日本』)

051 1901年

日当たりのよい神社

A sunny temple.

(メンピス『日本・色彩による記録』)

3 ❖ 職業

ペリー来航以来、幕末維新期に来日した外国人が日頃もっとも頻繁に接触したのは幕府の役人、つまり武士たちであった。そのため、日本を代表するこの職業集団は、つねに彼らの観察の対象となり、その一挙手一投足がつぶさに記録された。日本人男性＝サムライとは、後にできた一種の固定観念には違いないが、彼らの当時の交際範囲からすれば当然の帰結かもしれない。むろん、その後、日本の社会に深く立ち入るにつれて、たとえば神官や巫女等といった他の職業もその好奇心の的となり、掲載図像のように数多くの表象が残された。

052　1856年

ペリー艦隊, 強羅浜[久里浜]に初上陸

First landing at Gorahama.

（ホークス『アメリカ艦隊による中国海域および日本への遠征記』第1巻）

053　1900年

本牧, 横浜近くの漁村

Honmoko, village de pécheurs, prés Yokohama.

(『日本：風景と記念建造物』)

054　1856年

江戸湾, 鳥ヶ崎

To-Ri-Ga-Sa-Ki, Yedo Bay.

（ホークス『アメリカ艦隊による中国海域および日本への遠征記』第1巻）

055 ［1890年代］

本牧海岸で貝を捕る, 横浜

Shell Fish picking at Honmoku beach, Yokohama.

（『ミカドの帝国の60の選ばれた写真』）

056 1878年

4人の若い娘が岩の中に用意された生け簀の中の魚を捕る

Quatre de nos jeunes filles vont pecher dans ce vivier taillé dans le roc.

（ボーボワール『世界一周航海』）

057　1896年

“潮干”(潮が引いた干潟での漁). 東京におけるこの人気のある娯楽の時期は3月3日(旧暦)から始まりおよそ1週間続く

The “Shiohi” (Fishing on the dry bed). The season for this popular pastime in Tokyo commences from the 3rd of March (old calendar) and last's for about a week.

(高島捨太『日本生活の図絵』)

058　1897年

漁をする少女たち. 貝採集は市場に売るためと個人消費のための両方であるが, 多数の人々が干潮ごとに海岸へ集まる

Fishermaidens. The gathering of shell fish, both for the market and for personal consumption, draws a large number of people to the beach at every low tide.

(ブランクリー『日本』第2巻)

059 1818年

長崎の長官の兵士, 大村の君主の兵士

(ブルトン『日本—その帝国の住民の風習, 作法, 衣服』)

Der Sjogun Taico. Nach Humbert.

060　1874年

将軍太閤. アンベールによる

Der Sjogun Taico. Nach Humbert.

(シュテーガー『新旧日本, すなわち日本の運転手(日本渡航者)』)

Samurai. The Soldier of Japan in days of the Shoguns.

061 1899年

侍, 将軍の時代の日本の兵士

Samurai. The soldier of Japan in days of the Shoguns.

(ハバード『極東, すなわち近代日本と東洋, におけるアメリカ合衆国』)

JAPANESE SOLDIER USING THE BOW.

062 [1890年代]

弓を構える日本の兵士

Japanese soldier using the bow.

(アングス『東洋の不思議の国, すなわち日本の生活の絵』)

063 1874年

現代日本の将軍の兵士

Moderner japanischer Soldat des Sjogun.

(シュテーガー『新旧日本, すなわち日本の運転手(日本渡航者)』)

LANCIER JAPONAIS (TROUPES DU SIOGOUN).

064 1870年

日本の槍騎兵

Lancier japonais.

（アンベール『幕末日本図絵』第1巻）

JAPANESE SOLDIER OF THE OLD TIME.

065 1895年

昔の日本の兵士

Japanese soldier of the old time.

（トリストラム『日本そぞろ歩き』）

066 1895年

足利時代の封建君主の衣装

A feudal lord of the Ashikaga period.

（小川一眞『維新前の日本の衣服』）

A FEUDAL LORD OF THE ASHIKAGA PERIOD.

A feudal lord of the Ashikaga period, which begins with the end of the 14th Century and extend the middle of the 16th Century. His robe is the Kariginu, a modification of the Fujiwara Ho, before then used in traveling, but which now became the ceremonial dress of the military class. Its peculiarity is strings attached at the ends of the sleeves for tightly fastening up in case of need.

067 1906年

元将軍とその一家

The Ex-Shogun and family.

（モリス『日本の製作者』）

THE EX-SHOGUN AND FAMILY

068 1896年

奈良, 春日大社の神に仕える巫女
Vestal virgins at the Kasuga temple, Nara.
(高島捨太『日本生活の図絵』)

Antica danza del culto *kamì*.

069 1896年

カミ信仰の古来の踊り
Antica danza del culto kami.
(リセーイス『近代日本』)

DISTRIBUTION D'ARGENT AU PEUPLE PAR ORDRE DU SIOGOUN.

070　1870年

将軍による銀の授与

Distribution d'argent au peuple par ordre du Siogun.

（アンベール『幕末日本図絵』第1巻）

071　1893年

将軍の表敬を受けるミカド

The Mikado receiving the Sho-guns' homage.

（テーラー『日本での我々の日々』）

072　1856年

横浜にて　日本の武士

Japanese soldiers at Yokuhama.

（ホークス『アメリカ艦隊による中国海域および日本への遠征記』第1巻）

073　1896年

祈祷中の神官

Shinto priest at prayer.

（高島捨太『日本生活の図絵』）

074　1900年

最後の将軍徳川慶喜会議（御老中）を江戸にて行う，慶応末年

The last of the Shogun, Tokugawa Keiki, holding a Council, at Yedo, in the last year of the Period Keiō.

（ディオシー『新・極東』）

075　1885年

奈良―神楽を奏する神官の合奏隊

Nara. Orchestre des pretres shintoistes addompagnant la kagura.

（クラフト『世界一周記』）

076　1893年

神官と社

Shinto priests and shrine.

（ピカーステス『私達が見た日本』）

077　1897年

神官

A Shinto priest.

（ブランクリー『日本』第8巻）

078 1897年

海の女神弁天

The sea goddess Benten.

（ブランクリー『日本』第9巻）

4 ❖ 生活

長い文化伝統を持つ日本は、正月の宮参りや春先の花見、真夏の花火等、季節の節目節目にさまざまな生活風習を編み出してきた。また江戸時代以来の商業の発達により、この時代の町々にはまだ行商人が練り歩き、物売りの呼び声が絶えていなかった。そのような日本の日常は、異邦から来た外国人たちを惹き付け、彼らのまなざしが注がれる格好の対象となった。時期や場所によってそれぞれ異なるスナップとなっているが、いずれも古き良き日本を写した貴重な一枚である。

079　1880年

品川の海岸の住民

Kustbefolkning vid Sinagava.

（アンベール『山越え海越え』）

080 1897年

幸せな家族
A happy family group.
（高島捨太『花見』）

081 1897年

記念の灯籠の参道
The avenue of memorial lanterns.
（高島捨太『花見』）

O82 1897年

上野公園の入口

Entrance to Uyeno Park.

（高島捨太『花見』）

O83 1897年

桜の下のそぞろ歩き

Rambles under the cherry trees.

（高島捨太『花見』）

084 1896年

隅田川の光景

Scene on the "Sumida" river.

(高島捨太『日本生活の図絵』)

085 1904年

隅田川にて[舟遊び]

On the Sumida River.

(シングルトン『日本―有名な作家達による描写』)

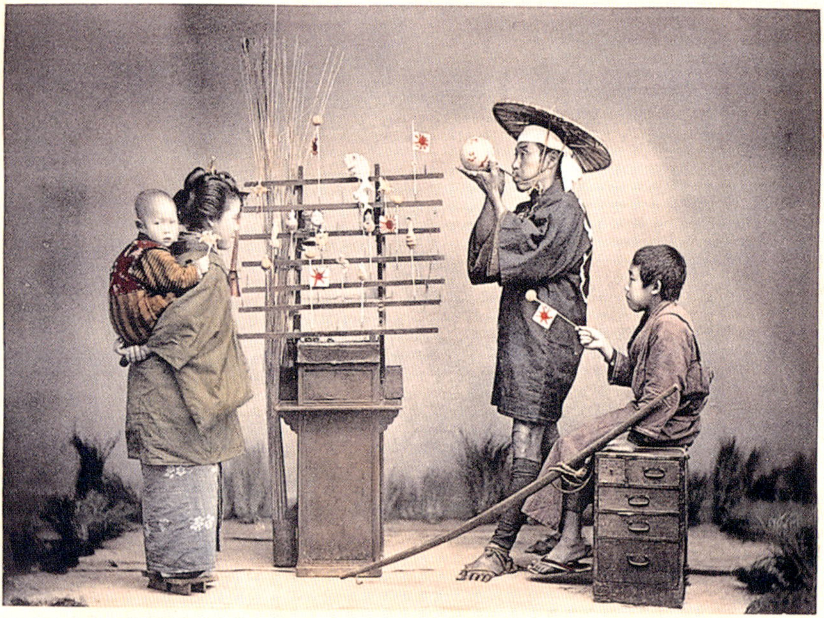

086 1896年

“飴屋”(タフィー作り)
The “Ameya.” (Taffy puller.)
(高島捨太『日本生活の図絵』)

087 1894年

砂糖で甘くしたエンドウ豆と砂糖で煮たインゲン豆の商人[煮豆売り]
“The hawker of sugared pease and candied beans.”
(ブラムホール『日本の幼い子どもたち』)

088　1896年

“千手観音”(千の手の慈悲の女神)

“Senju Kannon.” (a thousand-handed goddess of mercy.)

(高島捨太『日本生活の図絵』)

5 ✣ 娯楽

かつて丸山の遊女を出島に迎えていたオランダ人たちと同じように、幕末明治期に来日した外国人にとって、遊女を呼んだり芸者をあげたりすることは、いわば最大の娯楽であった。そして、ただの女遊びに止まらず、遊女や芸者たちの日頃の生態が多大な好奇心を持って観察され、描き出され続けた。「ゲイシャ」は、残された図像の数こそ「サムライ」に負けるが、後にそのサムライを抑え、「フジヤマ」と並んで日本を代表するイメージとなったことは周知の通りである。それほど彼女たちの存在は新鮮で強烈だったのであろう。

089　1899年

“かっぽれ”を踊っている芸者
Geisha dancing the “Kappore.”
（デ・ベッカー『不夜城，すなわち，“吉原遊郭の歴史”』）

090　[1895年]

芸者の会
A Geisha party.
（井上十吉『東京生活のスケッチ』）

091　1897年

東京美人

A Tokyo beauty.

（ブランクリー『日本』第3巻）

092　1908年

木製の枕に綿入れの布団の間で眠る少女. 彼女は芸者で, 念入りに結われた髪を乱さないために木製の枕を使っている.

Girl asleep between wadded quilts with a wooden pillow. She is a geisha girl, and used the wooden head-rest so that her elaborately dressed hair may not be disarranged.

（ホランド『日本の物と風景』）

093　1891年

宴会が終わってから［2人の芸者］

After the banquet.

（アーノルド『海と陸』）

094　1904年

［芸者］

（ブラウン『日本―土地と人』）

095　1896年

茶屋の小規模の庭．少女，多分芸者はちょうど庭に足を踏み入れている女を見ながら柱にもたれている．

A miniature garden of a tea house. A girl, most likely a geisha is leaning against the post watching a woman just stepping in to the garden.

（高島捨太『日本生活の図絵』）

096 1888年

入浴している娘

Badendes Mädchen.

（ネットー『日本の紙の蝶々』）

097 1902年

仕度中の芸者
Geishas bei der Toilette.
（シュトラッツ『生活と芸術に現れた日本人の身体』）

098 1897年

入浴する娘たち
Mousmes se baignant.
（ザイペル『遠い世界』）

099　1906年

芸者の扇[踊り]の稽古
Geisha fan drill.
(フィッシャー『日本の心に一人で入ったある女性』)

IOO　1897年

年若い芸者
Geishas of the younger class.
(ブランクリー『日本』第8巻)

IOI　1882年

芸者，鼓を演奏する
Geisha, playing on the Tsudzumi.
(バン・ビューレン『日本における仕事と磁器』

102　1897年

歌を教える．歌う少女もしくは芸者は，その芸術の伝授を代々任された一門に属する先生から教えを受ける．

Teaching songs. The singing girls, or geisha, receive their instruction from teachers belonging to families hereditarily intrusted with the handing down of their art.

（ブランクリー『日本』第5巻）

103　1897年

横笛を演奏する芸者

Geisha playing a flute.

（ブランクリー『日本』第5巻）

104　1897年

芸者の舞踊

Danse de Gueschas.

（ザイペル『遠い世界』）

105　1882年

芸者, 鼓を演奏する

Geisha, playing on the Tsudzumi.

（ミュンター『曙光の帝国から』）

106　1897年

芸者の踊りのための楽団
An orchestra for geisha dancing.
（ブランクリー『日本』第8巻）

107　1896年

労働者の休日
Working-men's holiday.
（高島捨太『日本生活の図絵』）

108　1906年

吉原の格子の中の娘［娼妓］
The caged girls of the Yoshiwara.
（フィッシャー『日本の心に一人で入ったある女性』）

109　1899年

芸妓たちを客へ披露
Introduction of Courtesans to Guests.
（デ・ベッカー『不夜城, すなわち, “吉原遊郭の歴史”』）

110　1899年

三流の遊里, 夜景
Outside of a third-class brothel at night.
（デ・ベッカー『不夜城, すなわち, “吉原遊郭の歴史”』）

6 ❖ 遊技

平和が二六〇年も続いた江戸時代は、商業を発達させ、都市化を進展させた。庶民の生活はきわめて安定し、閑暇を楽しむ習慣も一般化した。大人は花見や舟遊び、また囲碁や花札、宴会席上の狐拳や目隠しに興じたり、子供は子とろや毬つき、凧揚げ、羽根つき、輪回し、紙芝居等を楽しんだりする遊びの種類は実に多く、日頃の余暇生活を大いに豊かなものとしていた。そして、これらの和やかな風景は、当然外国人たちの目にも留まり、往時をしのぶ大変貴重な記録として残された。

III　1897年

子とろ[子取またはことろことろ]をする少年たち

Boys playing kotoro.

(ブランクリー『日本』第2巻)

112　1896年

花見（花の遊山）

Hanami (Flower pic-nic).

（高島捨太『日本生活の図絵』）

113　1897年

遊戯をしている

Playing games.

（ストタド『日本』）

114　1897年

子とろをする少年たち
Boys playing kotoro.
（ブランクリー『日本』江戸版）

115　1897年

片足跳び遊び［けんぱ］
Playing hop scotch.
（ブランクリー『日本』第3巻）

116 1894年

子供の遊戯—木馬・太鼓・輪回し・凧上げ—その他

Jeux d'enfants - le eheval de bois, le tambour de basque, le cerceau, le cerf-volant, etc.

(ローナン『現代の日本』)

Japanische Kinderspiele. Nach Humbert.

117 1894年

日本の子どもの遊戯. アンベールより

Japanische Kinderspiele. Nach Humbert.

(ブラムホール『日本の幼い子どもたち』)

118　1901年

毬つき

Les gueishas s'amusent.

（メンピス『日本・色彩による記録』）

119　1870年

羽根つき

The favorite new-year's game for little girls.

（アンベール『幕末日本図絵』第1巻）

120　1874年

遊び友達

Playfellows.

（シュテーガー『新旧日本, すなわち日本の運転手（日本渡航者）』）

121　1897年

角兵衛獅子
The "Kakubeshishi."
（ブランクリー『日本』第4巻）

122　1896年

軽業師
Acrobats.
（高島捨太『日本生活の図絵』）

123　1897年

囲碁

Playing go.

（ブランクリー『日本』第2巻）

124　1896年

“碁”の遊び
Game of the “Go.”
（高島捨太『日本生活の図絵』）

125　1896年

“拳”遊び
The “Ken” game.
（高島捨太『日本生活の図絵』）

126　1870年

花札遊び[弄花]

Joueurs japonais.

(アンベール『幕末日本図絵』第2巻)

127　1903年

“狐”のゲーム

The game of “Kitsune” fox.

（ブラウネル『日本の心』）

128　1897年

狐, 鉄砲, 夜［狐拳］

The fox, gun, and night.

（セルデン『日本でのジョー・サクストン』）

7 ❖ 行事

農耕社会の名残りと多神教的な文化により、日本には数え切れないほどの祭り、また神々や死者に対する儀礼が存在する。季節ごとに行われる数多くの行事は、各地域の風物詩として、現在でもわれわれを楽しませ続けている。異邦人にとっては奇異にも見えるこれらの催し事は、彼らを大いに驚かせただろう。普段は礼儀正しい日本人の、この時ばかりはというパワフルな言動にも目を見張ったに違いない。画像に見て取れるそのまなざしの数々は、日本の伝統行事に対して驚愕、感嘆する彼ら自身の姿をも伝えているように思えてならない。

129　1896年

“祭”〈社寺の祭〉

A “Matsuri” (temple festival).

（高島捨太『日本生活の図絵』）

130 （下）1880年

……動きは突然止まる. この街を守っている神道の聖遺物箱を通すためである（神輿）

（ギメ『日本散策』）

131 （左上）1897年

葬式の行列. 日本人は死者に多大な敬意を示す

A funeral procession. The Japanese show great respect for the dead.

（ブランクリー『日本』第8巻）

132 （左下）1895年

巡礼の会が御嶽に登っていく

A pilgrim club ascending Ontake.

（ローエル『神秘の日本, すなわち, 神々の道（神道）』）

故石橋老母喜久

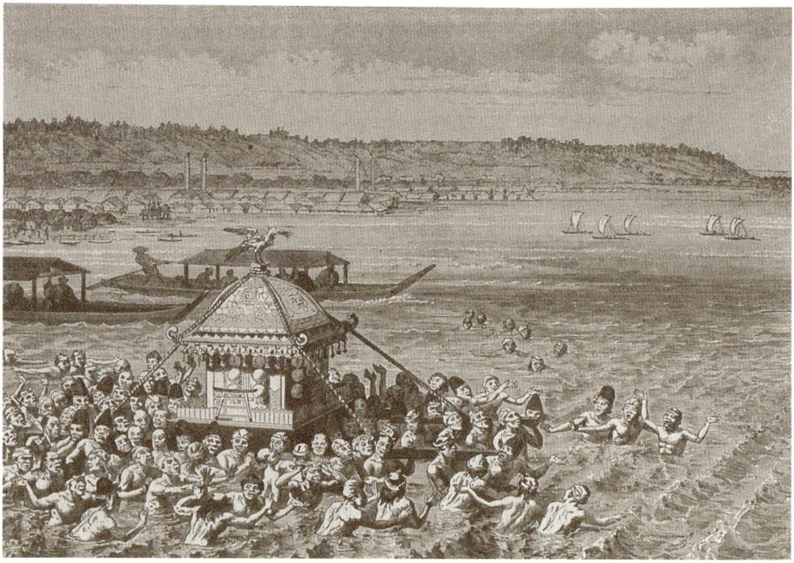

133　［1869年］

オーレン（鳳輦）すなわち“不死鳥の車”の渡り（神輿渡り）

Passage of the “Ohren” or “Phoenix car.”

（ベイツ『絵入り旅行記』第4巻）

134　［1870年代］

輿（神輿）

Chair.

（ベアト『幕末明治日本写真集』）

135 ［1893年］

［神社の社前］

（マードック『あやめさん』）

136 1874年

幸運の神をまつる家庭の祭壇

Domestic altar of the gods of happiness.

（アンベール『日本と日本人』）

137　1901年

提灯の祝宴[盆踊り]の踊り手たち

Dancers at feast of lanterns.

(エドワーズ『日本の演劇と演ずる人々』)

8 ✣ 女性・子ども

「美人図」や「唐子図」等の例を挙げるまでもなく、日本における伝統的な女性と子供の表象は、多くの場合、一種の定型化が図られ、それぞれ見世物的な役割と縁起稼ぎの意味合いが付与されていた。明治以降もその傾向がまったく消えたわけではないが、各被写体の人格を尊重し、その人格の内面を何としてでも描出しようとすることは、むしろ文学や美術の最大の課題であった。その意味で、この時期に外国人によって描かれ、また写された女性と子供の日常の姿は、まさにその後の女性と子供の「発見」に先行し、それを啓蒙する役割を果たしていた。

138　1900年

茶の湯. 手に香炉を持って立っているのは日本の大人物の一人, 故勝伯爵[勝海舟]の孫娘

Le the en ceremonie (chanoyu). La demoiselle qui se tient debout, un brule-parfum a la main, est une petite-fille du defunt comte Katsu, un des grands ...

(人見一太郎『日本』)

139　1897年

書き方を若い娘に教える

Teaching young girls to write.

(ブランクリー『日本』第4巻)

140　1896年

四条の川[鴨川]の夏の夕方
Summer evening on the Shijo river.
(高島捨太『日本生活の図絵』)

141 1896年

滝野川の楓の庭園
Maple garden at Takinogawa.
(高島捨太『日本生活の図絵』)

142　1904年

母と子

Mother and child.

（シェーラー『今日の日本』）

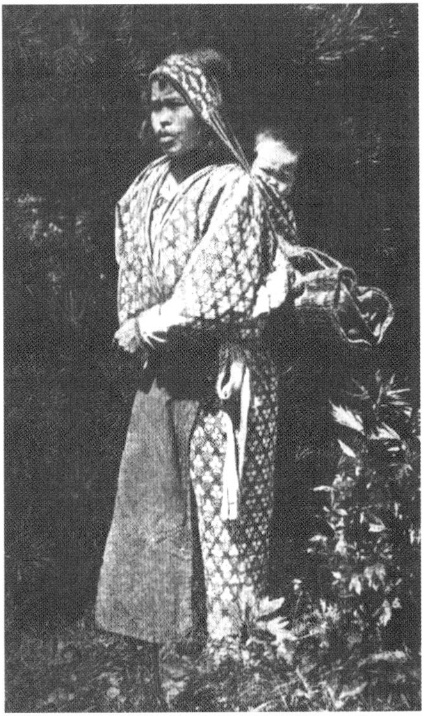

143　1898年

子どもと荷を背負うアイヌの女

Ainu woman carrying child and burden.

（トッド『コロナとコロネット』）

145 1902年

日本の母と子
Japanese mother and child.
（バチェラー『海で囲まれたエゾ』）

144 1897年

母と子
Mother and child.
（ブランクリー『日本』第10巻）

146 ［1900年］

子どもの一団
Groupe d'enfants.
（『日本にて』）

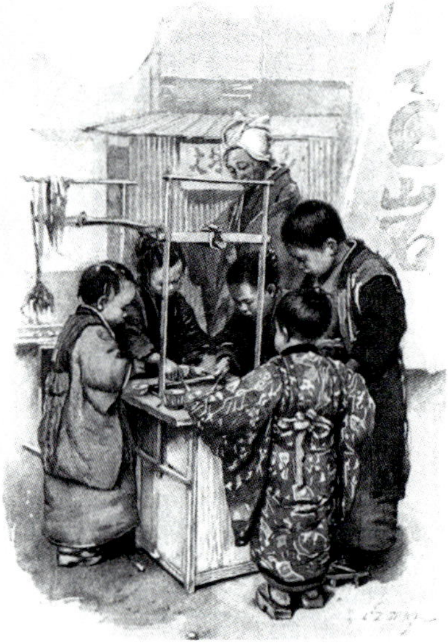

147　1894年

この全設備は1時間5銭で貸される

"This complete equipment is to let by the hour for five sens."

（ブラムホール『日本の幼い子どもたち』）

148　1896年

食事中の子ども

Children at meals.

（高島捨太『日本生活の図絵』）

149　1888年

食事中の子ども

Kinder bei der Mahlzeit.

（ネットー『日本の紙の蝶々』）

150　1906年

女子私立学校の習字の授業

Writing lesson in a private school for girls.

（フィッシャー『日本の心に一人で入ったある女性』）

151　1902年

稽古［習字］をする日本の子供

Japanese children at lessons.

（バチェラー『海で囲まれたエゾ』）

152　1900年

［菅秀才と寺子屋の子どもたち］

（フローレンツ『日本の戯曲』）

154 ［1900年代］

赤ん坊を背負う子供
Children carrying babies.
（ワトソン『日本での三人の風来坊』）

153 1902年

すべての中で最も風変わりでおもしろい眺めは子供たちであった
"The quaintest sight of all was the Children."
（ハーツホーン『日本とその人々』第2巻）

155 1899年

下級労働者が子供を運んでいる
Coolies carrying children.
（ハバード『極東, すなわち近代日本と東洋, におけるアメリカ合衆国』）

156 （上）

相撲
Wrestling.

157 （下右）

神楽
Kangura.

158 （下左）

音楽好きな少年
Musical boys.

159

竹馬に乗って歩く少年
Boys on stilts.

160

目隠し鬼
Blindman's buff.

※156〜160　1879年（エアトン『日本の子どもの暮らしと，日本の子どもの物語』）

161 1896年

子どもの祭
Children's matsuri.
（グリンネル『日本旅行』）

162 ［1893年］

［たらいに乗って遊ぶ子どもたち］
（マードック『あやめさん』）

163 1902年

6歳の日本の子どもの顔
Japanisches Kindergesicht im 6. Lebensjahre.
（シュトラッツ『生活と芸術に現れた日本人の身体』）

164 1899年

東京の踊り子
A Tokyo dancing girl.
（ランサム『日本—変遷の中で』）

165 1894年

日本の子どもたち
Japanese children.
（パーマー『日出ずる国よりの手紙』）

166 1899年

子供
One of the children.
（フレイザー『日本からの手紙』第2巻）

167　1904年

［農村の子供たち］

（ブラウン『日本―土地と人』）

169 1897年

子どもの一団
Group of children.
（ブランクリー『日本』江戸版）

168 1898年

遠い日本の子どもたち
Children in far Japan.
（フィンレー『年少者の旅行，すなわち遠い日本で小さな少女の見たもの』）

170 1891年

日本の子どもたち
Japanese children.
（アーノルド『海と陸』）

9 ❖ 物語

お化けや幽霊、鬼などの妖怪と総称される怪異的な空想上の存在は、どの国の文化にも存在する。しかし、それらを具象化し、ユニークな形態を与えることにおいて、おそらく日本はもっとも進んでいると思われる。現在、世界中で日本の妖怪文化が注目されていることは、その一端を示していよう。この日本文化の特質に、幕末明治期に来日した外国人たちは早くも気付いており、当時の彼らが見せた関心の高さは、今日のブームと比べていささかも遜色ない。

171 1890年

幽霊の出る井戸

The haunted well.

（マックラッチー『日本の戯曲』）

172 （左頁）［1886年］

［奇妙に見える生き物の群］

（ヘボン『老人と鬼たち』）

173 ［1886年］

［奇妙に見える生き物の群］

（トンプソン『舌切雀』）

174　1870年

［天狗］

（パンペリー『アメリカ・アジア横断』）

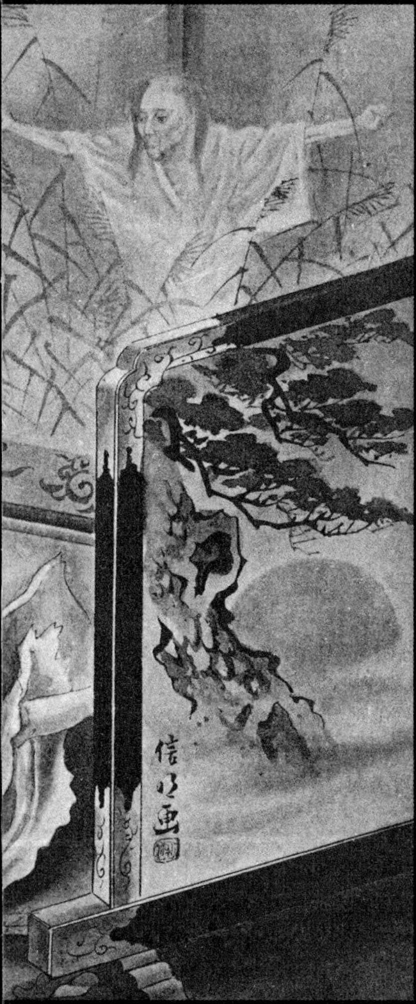

175　1892年

幽霊

The ghost.

（ヒュイシュ『日本とその芸術』）

176　1897年

上野介と幽霊

Kozuke no suke and the ghosts.

（ブレイスウェイト『佐倉の農民志士，惣五郎の生涯』）

177 1886年

悪鬼の飛行

The goblin flight.

（アンダーソン『日本の絵画芸術』）

178 1874年

船越十右衛門と悪鬼

Funakoshi Jiuyemon and the goblins.

（レデスデール『昔の日本の物語』）

外国人にとっての〈富士山〉

白幡洋三郎

フジヤマは、ゲイシャと並んで、外国人が抱く一般的日本イメージの代表だとよく言われてきた。だが富士山だけをめざして日本を訪れた外国人は、少数だろう。とはいえ日本訪問の目的の一部に、富士山を見ること、富士山に近づくとかあるいは登ること、まで組み入れていた人物がいることも確かである。じっさい外国人が書き残した日本旅行記、日本見聞記のかなりのものに、富士山の記述があらわれる。しかもそこには富士山の図が、じつに数多く掲載されている。図の数は、日文研が収集した本の中でも二百種を越すだろう。大ざっぱに言って、三〜四冊のうち一冊にはかならず富士山の図が載っている。

彼らが日本に最初に上陸するのは横浜、ついで長崎、さらに少数だが神戸だった。西から日本をめざすと、上海を経てまず長崎に入港する。しかし長崎を素通りしてそのまま横浜へ向かう便もあった。だからアメリカ大陸から太平洋を横断して日本をめざす場合は、ほとんど横浜が最初の日本上陸地点だった。

そこで到着前に海上からまず見える日本の陸地は、晴れていればほとんどの場合、高くそびえる富士山になった。そのときの印象は、日本見聞記・旅行記に多数あらわれる。

お雇い外国人として日本にやってきたアメリカ人のグリフィスの記述は次のようなものだ。一八七〇年の一二月二九日早朝のことである。

> はるか遠くに雪の衣服を着た山の女王が澄みきった空気のため、思い違いをするほど近くに見える。その山はすでに朝日の冠を戴き、その額はまだ昇りきらない太陽の最初の光線で金色に光っている。その向うには紫色の空が広が

り、宝石のような星がまばたく。山の女王の胸は刻々変る色に震えている。海の沖からではまだ陸地がはるかに認められないずっと前から、……この比類のない円錐形の山は眺められ愛される。これほど完璧で、これほど一生忘れがたい眺め、一目で栄光と新鮮を強く感じさせる自然の傑作という評価をひき起こすのに、これほどふさわしい眺めは、おそらく近づく汽船から望む富士の姿以外にないであろう。

（W・E・グリフィス『明治日本体験記』、山下英一訳、平凡社）

こんな印象記を読んだ人々が、同じような体験をしてみたいと願うことは十分に考えられる。私だってこんな光景を見てみたいと思う。海上からの経験はないが、じつはある早春の朝、伊丹から羽田に飛んだとき左側の窓側の席を頼んで取ったことがある。このルートは名古屋上空から遠州灘を経て左に旋回し、海側から羽田に着陸するのを知っていたからだ。快晴の太平洋上空からの富士山の眺めは「われを忘れる」という表現が誇張でないほど感動的だった。

銅版画や石版画が印刷の主流だった開国直後の時代、挿絵の中には奇妙で不思議な富士山の姿がよく現れる。まだ現物を見た人が少なかったからでもあろう。外国人にとっての富士山は、なかなか想像力に富んだ日本イメージを支えていた。しかも特徴的なのは、初期の富士山の図は、ほとんどが海から眺めたアングルになっていることだ。じっさい富士山の近くに行き、また富士山に登るという旅行は、一八九九年に外国人の日本内地旅行が自由になるまで、簡単なことではなかったからだ。外国人の日本旅行記・見聞記には海上から眺めた富士山の第一印象が図に載せられていると考えてよい。富士山の姿が外国人の手で多数描かれ、また富士山に近づく旅行も頻繁に行われるようになり、しかも写真が普及するようになってくると、奇妙な富士山の姿はしぼみはじめる。寂しい感じがしないでもない。

（『富士山　異邦人のまなざし・第一輯』、二〇〇七年より抜粋）

第II部

異邦へのまなざし

見る日本

❖見る日本

日文研所蔵の絵葉書コレクションは、いわゆる「外地」関連のものがその大半を占めている。その蒐集経緯と所蔵状況については、すでに序言で触れたので、ここでは、この「外地」関連の絵葉書は一体どのような特徴を持ち、またどういう資料的価値を有しているのかについて簡単に紹介しておこう。

まず、時代順で言うと、明確な発行時期は分からないものの、写真のキャプション等から、明治半ば頃から終戦までの間に発行されたものが大半であり、とくに一九三〇年代後半に集中していることが分かる。次に地域で見ると、旧満洲をはじめ、中国北部・南部、朝鮮半島、台湾、南洋と、およそ旧植民地・旧占領地の一円が広範囲にカバーされている。中でも旧満洲、朝鮮半島、台湾のものが多いのだが、このことは、これらの各地域への統治・支配の期間が比較的長かったことと関係するだろう。そして、図像の内容はというと、多種多様にわたりながらも、自然風景や日清・日露戦跡、現地古跡、政府官庁、公共施設、生活風俗等がとりわけ目立つ。

たとえば、旧満洲の例で言うと、明治末期から大正初期にかけて非常に多かったのは、新「植民地」としての大連と満鉄沿線各付属地のものである。これは一種の新天地への蠱惑とも言うべきもので、当時の都市建設の最先端を誇る大連のモダンな市内景観、そして満鉄付属地の近代的な諸施設といまだ未開の各町の旧市街風景との交互の演出に示されているように、まさに「文明」を現地に持ち込んだ帝国日本の躍進が遺憾なく表象されている。そしてそれらの絵葉書は複数枚によるワンセットという形で、いわばパッケージ化された「外

地」を提示している。これにより、現地への帝国の進出ぶりがいっそう可視化されたと考えられる。ただ、そこには、単なる好奇心による異邦へのまなざしだけではなく、未開だった支配地に「文明」をもたらした自らの統治成果に対する宣伝的な要素も多分に含まれており、「見る」と同時に「見せる」という意識がより高く表されているのかもしれない。

そして、この二面性を持つまなざしはその後も続いていくが、「満洲国」成立とともにさらに細分化され、町々の特徴に応じて、それぞれの空間的機能が一層特化され始める。それはなかんずく、最先端の「外地」――モダニズムの大連、付属地（モダン）と旧市内（伝統）が競合する新天地――新旧交錯の奉天、威圧する新国家「中心」――帝都の新京（長春）、異国（ロシア）情調が漂う歓楽都市――エキゾチシズムのハルピン、日露戦争の英霊が眠る町――戦跡の旅順等というように、「満洲国」の各都市がまさに差異化されながら描出されている。

むろん、このことが満洲をめぐる特殊な歴史背景に由来しているのは否めない。他の地域を描いた絵葉書にも、たとえば、朝鮮や旧蒙疆地方、中国の内陸部、台湾、南洋等については、占領上の成果を示す「見せる」的な要素もなくはないが、それらの大部分にはやはり現地の異文化に対する強い好奇心が示されており、とくにそれぞれの居住空間や歴史伝統、生活風俗に関しては、それこそ「見る」熱いまなざしが注がれている。

このように、「外地」関連絵葉書は、ただ単独でその一枚一枚を見る場合にはそれほどの情報は伝わらないが、しかしそれらを万単位以上並べて見てみると、実にさまざまな歴史的事象やそれらへ向けられた異邦へのまなざしが潜んでいることに気付かされ、このコレクションがきわめて重要な研究資源であることを再認識させられる。そして、現地の歴史的情報が豊富に含まれているため、「日本研究」に止まらず、旧帝国圏の各地を研究する資料群としても高い利用価値を有するものと言えよう。

①朝鮮半島　②旧満洲　③旧蒙疆地域　④中国北部　⑤中国南部

時局解説 支那漫画鳥瞰圖

若山可明編案
木部正行画

1 ❖ 朝鮮半島

近代日本は日清戦争に始まり、日露戦争、そして日韓合併を通して段階的に朝鮮半島に進出し、勢力を拡大した。この日本の進出に伴い、多くの日本人が行政官僚や駐在会社員、または商人や教員等として現地に赴き、有史以来最大規模の両民族間の人的交渉が始まった。そこで彼らが目にしたのは、隣国でありながら、文化伝統も社会慣例も生活習慣も大いに異なる、まさに「異邦」の姿にほかならなかった。残された図像の一枚一枚には、その当時の日本人の好奇心に溢れるまなざしが克明に切り出されており、両者の邂逅の衝撃をリアルに伝えている。

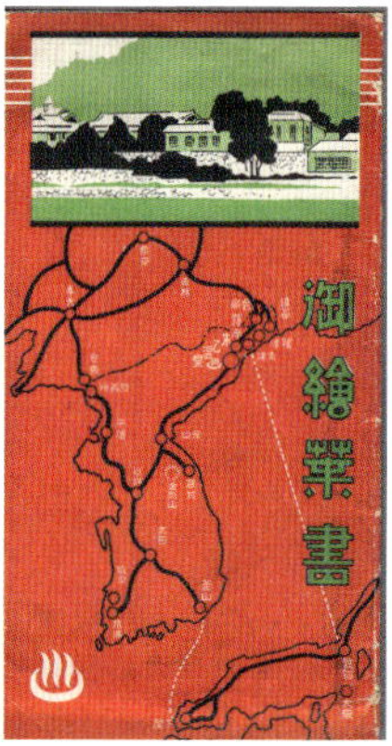

001

金剛山万物相の偉観

VIEW OF THE WONDERFUL ROCK, (KONGO GATE) (SEA).
（海金剛）萬物相及金剛門の奇岩

002

万物相及金剛門の奇岩

彌勒佛
VIEW OF THE NINE DRAGON FALL (OUTER KONGO).
（外金剛）山中第一の巨瀑九龍淵の壮観

003

山中第一の巨瀑九龍淵の壮観

SEISHIN, CHIEF PORT IN NORTH CHOSEN.
北鮮主要の貿易港清津港

004

北鮮主要の貿易港清津港

005

長閑なる大同江上の景観

006

錦繍山の一角、緑樹の中に
楼閣の隠見する牡丹台の景観

007

朝鮮有数の古名刹釈王寺

008

（平壌名勝）玄武門

009

（平壌名勝）乙密台

010

（平壌名勝）箕子陵

011

京城市街ノ中央

012

（京城名所）京城南大門（崇礼門）

013

京城昌慶宮弘化門

014

朝鮮唯一の箕城妓生養成所
(妓生学校)

015

京城全景

018

鶏商人

016

旧韓国時代の高等の文官

019

労働者

017

高僧行脚

020

織機

021

木挽

022

膳売

023

洗濯

024

市場

025

鮮女物売

026

笞刑

027

板跳び

028

角力

029

新姻の新郎新婦

030

還暦祝

(イ148) Anobleman going out in full costume and with a Retinue. (朝鮮風俗) 舊大官ノ乘轎

031

旧大官ノ乗轎

韓國貴婦人ノ乘轎
A RALANKEEN OF THE KOREA-LADY.

032

韓国貴婦人ノ乗轎

033

官妓の盛装

034

古代ノ音楽

035

家族

036

妓生の舞装

037

妓生と対ひて

038

朝鮮娘

039

家庭教育

041

男女児童

040

洗濯帰りと子守女

042

庶民親子

中朝国境・鴨緑江

043

（安東県）洋々たる鴨緑江に架る鉄橋の大観

044

（冬の国境）鴨緑江に於ける大吹雪橇夫曳行の客橇

2 ✣ 旧満洲

日清戦争時の一時期はさておき、日本が旧満洲へ本格的に勢力を伸ばし始めたのは、日露戦争後のことである。以来、ロシアから権益として獲得した大連や満鉄付属地等を中心に、急ピッチな「満洲経営」を始めた。そしてこの前後から、「新天地」と称されたこの広大な土地に大量の日本人が移住し、その数は最大時には百五十万人にも達した。そこでの満洲をめぐる日本人のまなざしの対象は、大きく三つに分けることができる。一つは大連や満鉄付属地等の日本人自身の「経営」の成果へのもの、もう一つはハルピンに代表されるロシア的異国情調に向けられたもの、そして現地の伝統文化や生活風俗等に関するものである。これら三者は交ざり合いながらも差異化され、差異化されつつも総合的に「満洲イメージ」を作り上げたのである。

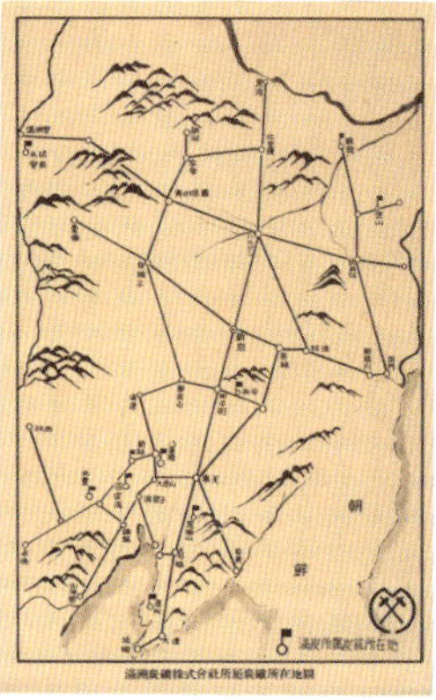

ハルピン

045
ハルピン駅

047

異国情緒豊かなる露西亜寺院門前

046

埠頭区中央に聳ゆる露西亜寺院

048

[イベルスコイ寺院]

049

キタイスカヤ街の俯瞰

050

キタイスカヤ街

051

行きかふ人も忙がしき繁華なる十字路

052

夏の松花江水泳場

053

郊外ピクニック露国人

054

冬のハルピン　寒さに驚かぬ露西亜娘と客用橇

長春

055

新京［長春］駅

056

長春駅日露聯絡ホーム

057

聖徳を偲ぶ孔子廟の聖景

STREET-VIEW OF MANCHURIAN QUARTERS, HSINKING.
(新京) 滿洲人街の繁華

058

満洲人街の繁華

THE VIEW OF THE RIVER ITSU, BEFORE
THE SOUTH CASTLE GATE OF CHANG CHUN.
(長春) 古風床しき長春城南門外 伊通川附近の風色

059

古風床しき長春城南門外、伊通川付近の風色

吉林

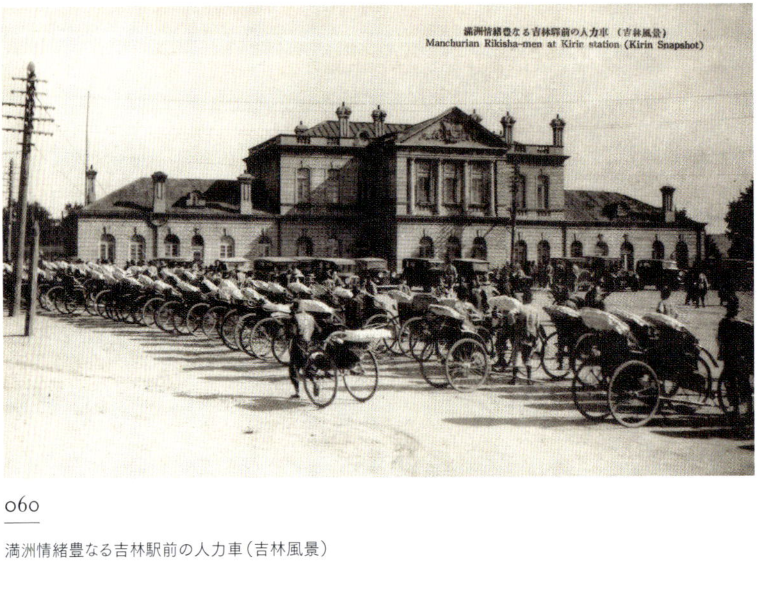

060

満洲情緒豊なる吉林駅前の人力車（吉林風景）

061

山水双美の吉林市街全景

062

吉林松花江之風景

063

吉林松花江之流筏

064

吉林城内　三家街

065

吉林北山遊園地の露店（吉林風景）

066

吉林松花江に集ふ大豆舟(吉林風景)

067

松花江の鵜飼

068

（吉林名勝）孔子を祀る文廟

069

（吉林名勝）山紫水明一幅の
絵の如き　吉林市街全景

(奉天) 萬客送迎する奉天驛前大廣場
THE CROWDED GREAT SQUARE IN FRONT
OF MUKDEN STATION.

070

万客送迎する奉天駅前大広場

071

日露戦役記念碑付近より難波通り
及び奉天駅を望む

日露戰役記念碑附近より浪速通り及び奉天驛を望む
THE VIEW OF NANIWA ST. LOOKING FROOM MONUMENT SQUARE MUKDEN.

072

城内全景

073

奉天北陵全景（鳥瞰写真）

074

奉天鐘楼

075

奉天駅前建築物

THE BUSTLING SIGHT OF MUKDEN ON
THE DAY OF SOJUSETSU FESTIVAL.
（奉天）双十節當日の賑ひ、奉天城門
大

076

双十節当日の賑ひ、奉天城門

行人の眼を驚かす奉天北陵隆恩門前庭の石獣
IMPOSING STONE BEATS. PEI-LING (NORTH MANSOLEUM)

077

行人の眼を驚かす奉天北陵隆恩門
前庭の石獣

奉天ヤマトホテルの偉容
THE YAMATO HOTEL. (MUKDEN)

078

奉天ヤマトホテルの偉容

高さ一丈八尺牢固として聳ゆる奉天城々壁の偉観
THE MAGNIFICENT SIGHT OF CASTLE-WALL. (MUKDEN)

079

高さ一丈八尺牢固として聳ゆる
奉天城々壁の偉観

奉天城内四平街有名なる吉順絲房附近の賑ひ
THE VIEW OF SHIHEIGAI STREET. (MUKDEN)

080

奉天城内四平街有名なる吉順絲房付近の賑ひ

奉天北陵全景 （其二）
PEI-LING (NORTH MANSOLEUM) (MUKDEN)

081

奉天西塔

082

奉天北陵全景

083

撫順城北之古塔

THE FINE VIEW OF THE CITY STREETS, FUSHUN.
（撫順）新裝なれる市街全景

084

新装なれる市街全景

085

撫順城

THE CHINESE THEATRE DRAWING FULL HOUSE AT
THE PLEASURE PLACE IN FUSHUN.
(撫順) 雑踏を極むる撫順歡樂園の支那芝居
B

086

雑踏を極むる撫順歓楽園の支那芝居

087

撫順大悲寺娘々廟

088

撫順炭鉱古城子採炭所（露天掘）

089

撫順千金塞公会堂及本願寺

090

遼陽白塔

091
日露戦争の際破壊せる遼陽南門

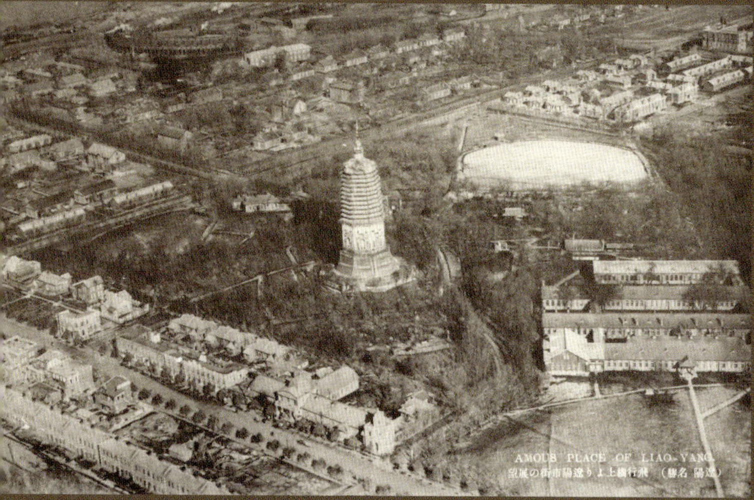

092
（遼陽名勝）飛行機上より
遼陽市街の展望

093
遼陽城西門

大連

094

大連満鉄本社全景

095

中央大広場

096

シャウーウインドに顧客集ふ随一の繁華街　大連浪速町通の景観

097

満鉄王国の総本山
大連南満洲鉄道株式会社

098

大連・浪速通りの盛観

099

大連・連鎖街

100

大連・常盤橋の繁栄

101

馬車の往来繁き大連
常盤橋西通の雑踏

102

大連・大連市役所の偉容

103

東洋一の文化都市　近代的市街美
を誇る大連市中央大広場

104

大連電気遊園ノ一部

105

壮麗無比・巍然たる大連ヤマトホテル（大広場）

106

大連名所連鎖街心斎橋通りの夜景

107

大連・小崗子大街の雑沓

108

大埠頭俯観図

109

大連埠頭船車聯絡

IIO

大連露西亜町波止場

III

長汀曲湾美観・銀波白砂に戯る
大連郊外星ヶ浦海岸

112

大連・星ヶ浦海水浴場

113

大連近郊・老虎灘の絶景

長城

114

万里長城の起点

115

万里長城の一部

(齊々哈爾名所)　滿洲情緒豊なる驛頭輻輳せる馬車の群
Swarming Mache at Chichihaerh station (Chichihaerh)

116

満洲情緒豊なる駅頭輻輳せる
馬車の群

117

玩芸

SIDE-SHOW OF CHINIES DRAMA, NIANG-NIANG FESTIVAL,
(娘々祭) 群衆を喜ばす余興支那芝居

118

(娘々祭) 群衆を喜ばす
余興支那芝居

120

満洲女優の舞台姿

LIVING DOLLS AT FESTIVAL OF
NIANG-NIANG TEMPLE, DAISEKKYO.
(大石橋) 娘々祭當日の呼物生人形

119

(大石橋) 娘々祭当日の呼物生人形

121

高足踊

122

満洲の花嫁の輿

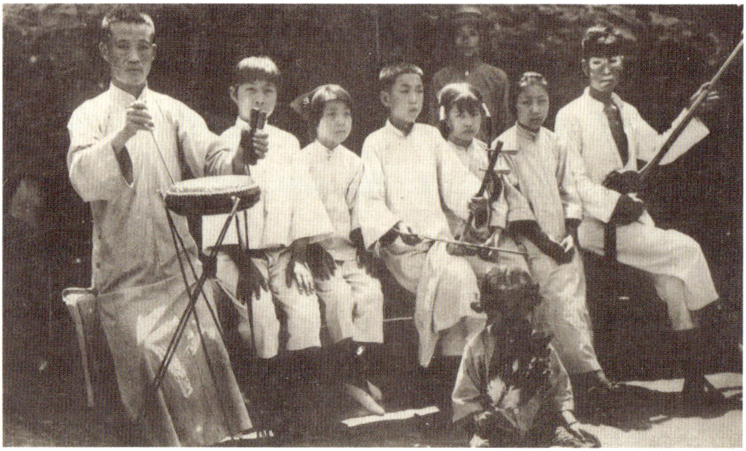

123

囃し

124

盛装せる支那美人

125

老婆と孫

126

満洲中流美人

127

満洲美人

128

満洲美人

3 ✣ 旧蒙疆地域

二〇世紀に入っても三〇年代までは、一部の調査隊や内蒙古独立運動の支援者を除けば、いわゆる蒙疆地域に足を踏み入れる日本人はごく限られた数しかいなかった。ところが、満洲事変後の熱河占領や、それに続く盧溝橋事変後の華北占領に伴って、この地域への日本の関与は急速に増大する。主要都市である張家口や承徳、厚和（フフホト）等に多くの日本人が内地や満洲から移住し、終戦直前にはその数は約四万人に膨らんだ。蒙疆をめぐるさまざまな表象は、つまり日本人がその奥地にまで踏み込み、中国人や蒙古人の日常生活に注いだ、異邦からのまなざしのリアルな顕現なのである。

129

蒙疆張家口（大境門）

130

（承徳の景観）一宇は一宇より一堂は一堂より高し、
壮大なる普陀宗乗之廟全景

131

（承徳の景観）雄大華麗なる承徳離宮内宴の絶景

132

（蒙古　厚和）絢爛の大建築美

133

（蒙古　厚和）清真大寺　回教礼拝堂

134

（蒙古　厚和）帰化城の牌楼

135

（承徳の景観）休息せる蒙古唯一の運輸機関駱駝隊の一行

A STRANGE PLANKEEN WITH MULES, JE-HO.
（熱河風俗）珍奇なる乗物、駄轎

136

（熱河の風俗）珍奇なる乗物、駄轎

蒙古風俗・香莨（挨拶の儀禮に用ゆ）

137

蒙古風俗・香莨

138

蒙古風俗・ラマ寺の僧侶

139

蒙古の王様

PAOS AT CAMPING-GROUND, MONGOLIA.
（蒙古風俗）宿營地に於ける蒙古包の集團

140

宿営地に於ける蒙古包の集団

HOUSE-CARTS AND CAMELS MONGOLIA.
（蒙古風俗）蒙古人には貴重な宿車とラクダ

141

蒙古人には貴重な宿車とラクダ

NOBLE-MAN IN FULL UNIFORM, MONGOLIA.
(蒙古風俗) 正装せる蒙古貴人

144

正装せる蒙古貴人

CHILDREN AND THEIR PARENT, MONGOLIA.
(蒙古風俗) 頑健なる子供と精悍なる親達

142

頑健なる子供と精悍なる親達

(蒙古風俗) 相睦じき蒙古人夫婦

143

相睦じき蒙古人夫婦

FAMILY IN FULL DRESS, MONGOLIA.
(蒙古風俗) 盛装せる蒙古人の一族

145

盛装せる蒙古人の一族

146

奇観を呈する喇嘛僧の読経

147

宿営地に於ける食事の用意

148

蒙古包の前に立つ一家

149

蒙古境界

4 ❖ 中国北部

日清戦争後、日本は「日清通商航海条約」（一八九六年）により、天津に日本租界を設立した。当初は土地も人数もその規模は小さかったが、その後段階的に増大し、一九四〇年代における在留邦人数は七万人近くに達した。その一方で、第一次世界大戦に参戦し、青島駐屯のドイツ軍を降伏させた日本は、戦後の「ヴェルサイユ条約」（一九一九年）により、青島を自らの支配下に置いた（その後、一時中国に返還するも、日中開戦後に再度占領した）。時期による増減はあるが、終戦前には四万人を超える在留邦人がいたという。中国北部への日本人の進出は、おもにこの天津と青島を中心に展開されたが、新興都市である両者への関心はもちろん、北京や済南のような伝統都市に対しても、異文化の表象対象として熱いまなざしが注がれた。

北京

150

北京宮城全景

151

北京前門大街

152

昆明湖と仏香閣（万寿山）

153

北京名所　東便門外夏の景色

154

北京宮城角楼及景山

155

北京景山全景（煤山）

156

北京城外風景

天津

157

仏蘭西租界梨桟大街

158

天津日本租界北旭街

159

天津日本租界北旭街

160

天津日本租界山口街白河岸

161

天津支那街河岸

青島

162

青島カトリック教会聖堂

163

青島全景

164

青島停車場

165

青島山東路の盛観

166

迎賓館

青 島 忠ノ海海水浴場
The Tadanoumi Sea Bathing Place, Tingtao.

167

忠ノ海海水浴場

青島外港より日本領事館及信號山を望む

168

青島外港より日本領事館及び信号山を望む

169

青島小港のジャンク

170

(済南名所) 大明湖上ノ歴下亭

171

(済南名所) 大仏山ヨリ済南及黄河ノ遠望

172
南関ノ城壁

173
膠済鉄路車站

174
二馬通路　済南銀行及郵務管理局附近

5 ✣ 中国南部

上海とその周辺

「月落ち烏啼いて霜天に満つ」の句で知られる蘇州の寒山寺の例を挙げるまでもなく、中国南部とりわけ江南地域は、多くの日本人にとって大変馴染み深い土地だろう。中国の古典に描かれた姿に昔から親しんできたからである。しかし、その多くはあくまで想像に過ぎず、現地を訪れて直に江南の風物を楽しむことのできた日本人はほとんどいなかった。日清戦争後、上海や武漢に日本租界が成立し、そこを拠点に大量の日本人が各町に進出し、あらゆる分野において活動を始めた。そしてそれぞれの町で彼らが一番関心を示し、数多くの表象記録を残したのは、やはりかつて古典で親しんできた数々の名所に関するものであった。

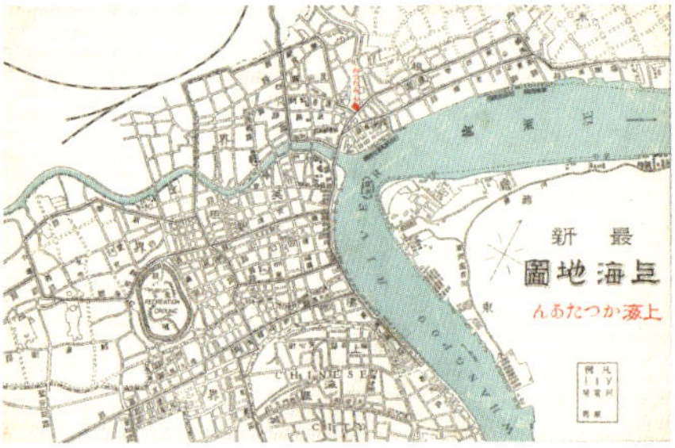

175

上海南京路旧家屋

176

ガーデンブリッヂ

177

浦東より眺めたる上海バンド

178

黄浦灘全景

179

旧城内湖心亭

180

上海公共公園

181

上海虹口市場

182

平湖秋月

183

杭州西湖　宝石山

184

蘇州城外寒山寺

185

蘇州城内玄妙観

186

（蘇州）水都風景

187

杭州西湖全景

南京

188

往昔を偲ぶ鼓楼

189

孫文を祀る中山陵正面

190

復旧せる夫子廟の賑ひ

191

南京秦淮

192

長江第一の要関下関碼頭

193

玄武湖と城壁

194

漢口・漢水の民船

195

胡林翼路の街景

196

漢口バンド

197
武昌市街全景

198
名刹、宝通禅寺の全景

199
山頂より俯瞰せる国立武漢大学

広州

200

六榕寺塔上より中山記念堂及中山公園を望む

201

西関住宅街の風景

202

上から見た広東市街

203
広東碼頭

204
蛋族の船家屋

205
雨後の街裏

海南島

206

江上夢未

207

盛夏小憩

208

黎屋と黎人

209

海口市場末の市場

210

嫁入風景

211

苗族

6 ❖ 大陸風俗

「外地」絵葉書における中国の表象は、おもに都市ごとに分けられており、各町の風景や建築物、古跡等を対象としたものが多い。それらの中から各地の生活風景や風俗に関するものを拾い出してみると、異国情調溢れるスナップに庶民文化の多様な実態を数多く発見することができる。街角の床屋や小鳥を売る鳥師、屋外の芝居を楽しむ観衆、民族楽器を奏でる楽団、客を待つ娼妓、青空の下の学習塾等々、いずれも消えつつある伝統中国の姿を他者の目から捉えた貴重な記録となっている。

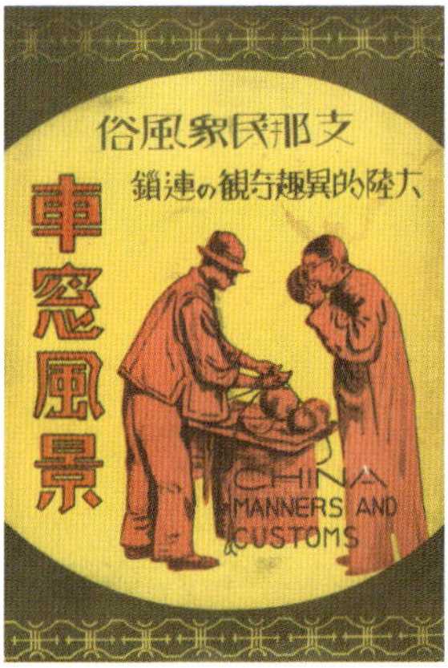

212

舷々相摩し

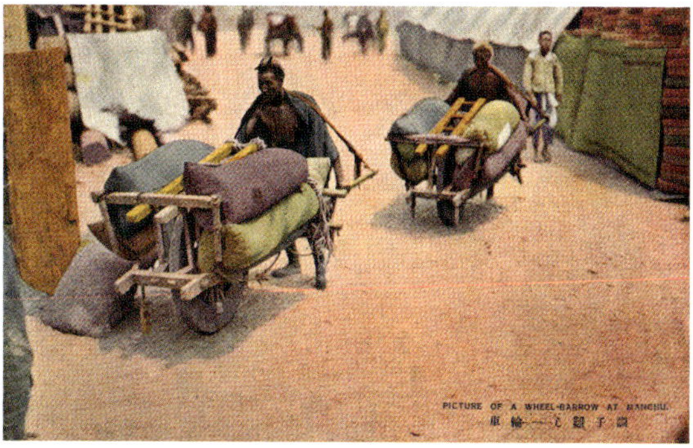

213

調子難し一輪車

214

先祖伝来の乗用馬車

215

炎天の下に働く苦力

216

[手押し車に乗る中国人女性]

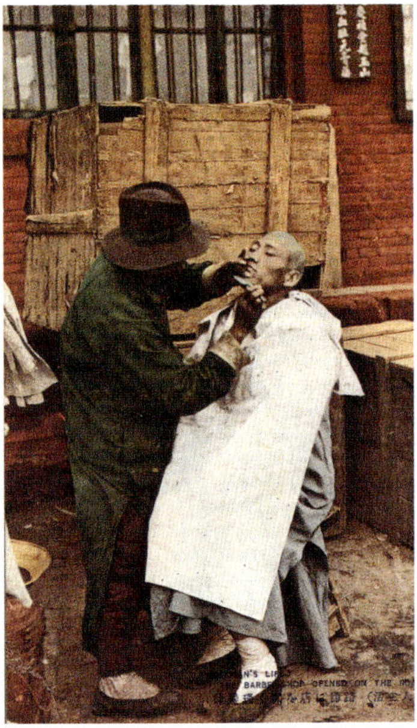

217

路傍に店を開く理髪師

218

街から街へ廻る糖玉児

219

小春に悠長な鳥師

220

大道に吉凶を占ふ易者

Custom of Hankow. 異國風俗

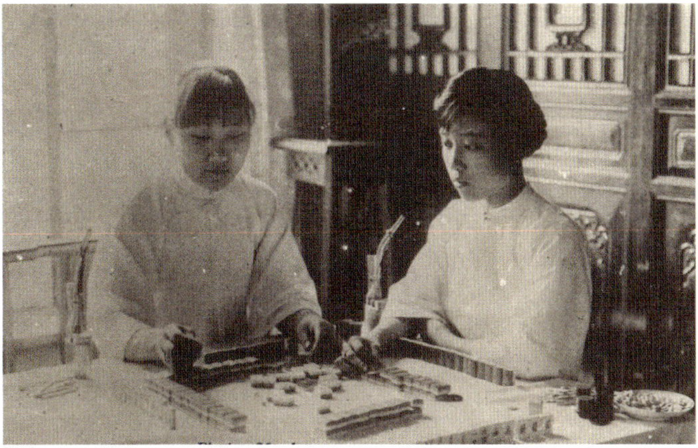

222

麻雀

223

調べ面白き美妓達の演奏

221(右頁)

民国風俗

224

客房入口に佇める美妓達

226

支那芸者

225

[支那妓女]

227
前庭に憩ふ美妓

228
美しき美妓達の集い

229
粉黛に映ゆる美妓

230

民国婦人

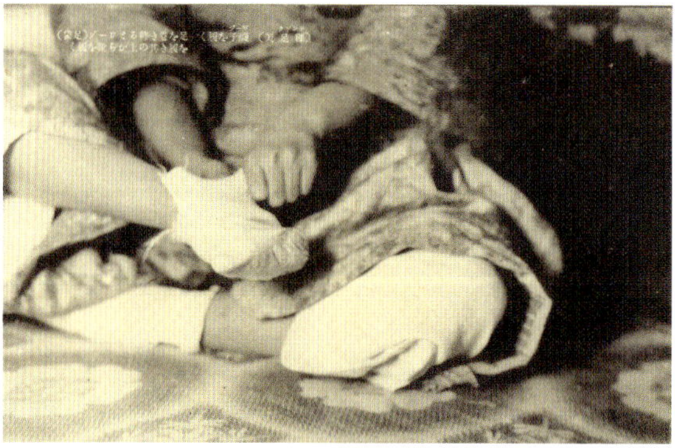

231

包脚　洗足して後細長い木綿布で緊く巻つける

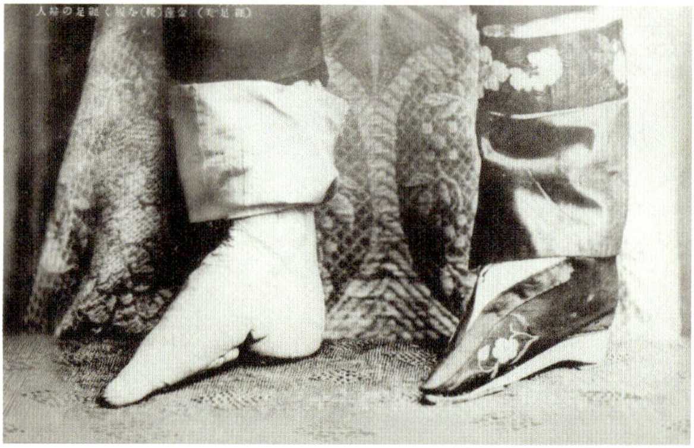

232

金蓮（靴）を履く纏足の婦人

233

支那風俗

234

支那人書房

7 ❖ 台湾

日清戦争後の「下関条約」（一八九五年）により、台湾は中国から日本へ割譲された。以来、半世紀にわたって、日本は台湾を領有、支配した。この間に、後に「台湾経営」と称されるさまざまな経済振興政策を実施し、その一連の振興開発に伴って、多くの日本人が台湾に移住した。その数は最大時には、軍人軍属を含めると約五〇万人にのぼったと言われる。そのため、台湾をめぐる表象は、植民地支配の成果を示すべく作られた「見せる」まなざしによるものも一部にはあるが、より多いのは、現地人とりわけ原住民の生活風習を観察したものである。それらは異国情調によるものというよりも、むしろ民俗学的な関心から記録されている。

235
阿里山上にて

236

台湾総督府

237

大南門（台南）

238

栄町通りの盛観

239

姫祖と祭礼

240

南瑤宮（彰化嬌祖）

Y 28 （南 台） 楼 崁 赤

241

赤崁楼

242

謝将軍　范将軍

243

旧城門ト轎

135. Native Duck-keeper, Formosa.
(台灣) 本島人家鴨飼

244

本島人家鴨飼

245

彰化孔子廟

246

紅頭嶼ヤミ族蕃人と刳り舟

247

日月潭情調　杵の音

248

ヤミ族蕃人男女

249

マリコワン蕃婦織機

250

パイワン族ライ社蕃人及住家　軒下ノ彫刻ニヨリ家柄階級ヲ区別ス

251

生蕃風俗　恒春郡高士仏社蕃人

252

角板山ハプン社ノ蕃屋

253

角板山ハプン社蕃人ノ食事

254

台湾美人

256

台湾貴婦人

255

台湾美人

258

台湾花蓮港庁下太魯閣蕃少女ロヒトオ

257

[台湾花蓮港庁下太魯閣蕃人和装の美少女]

260

タイヤル族の美人

259

タロコ蕃の美少女

8 ❖ 南洋

正式には南洋諸島と称される、西太平洋の赤道付近に広がるミクロネシアの島々に日本が関与し始めたのは、第一次世界大戦後である。「ヴェルサイユ条約」（一九一九年）批准により、赤道以北の旧ドイツ領ニューギニアの地域を委任統治することとなった日本は、現地開発のために、一九二一年に南洋興発株式会社を起こし、翌年には施政機関である南洋庁を設置した。開発が進むと、この南洋の新天地に国内から多くの日本人が移住し、その総数は一〇万人近く（一部台湾人、朝鮮人を含む）までになったと言われる。絵葉書の数々は、「未開」の地・南洋に対する強い好奇心に溢れている。

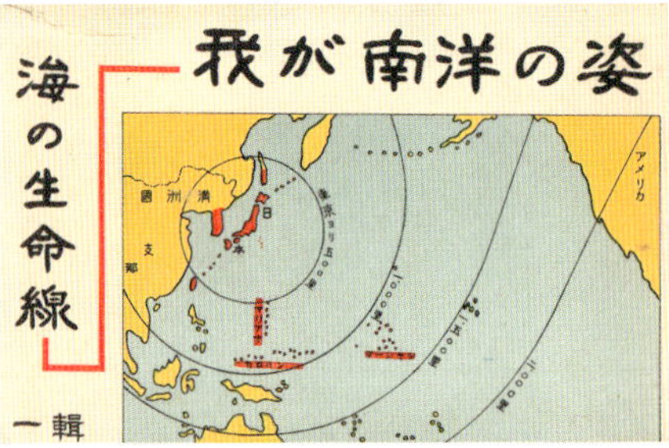

261

土人と「カヌー」船

262

南洋コロール島民アバイ

263

南洋島民踊

264

（南洋ポナペ島）島民踊り

265

サイパン　カロリン人ノ家族

266

ヤップ島カナカ族の闘争時代を偲ぶ

267

織機するカナカの女

268

ボントツク　イゴロット種族
（フイリツピン群島）

269

トラック島民女ノ風俗

270

カナカ族の酋長と酋長の娘

271

（南洋サイパン島）大トカゲ捕

第Ⅲ部

異邦から／へのまなざし

受け継がれるまなざし

❖受け継がれるまなざし

他者からのまなざし――つまり「見られる」立場と、他者へのまなざし――つまり「見る」立場は、元来大きく異なるもののはずである。しかし、本資料集の第一部「見られる日本」と第二部「見る日本」に収録された数々の絵葉書を見れば、両者の間には類似した表象が数多く存在していることが分かるだろう。このような現象は一体なぜ生まれたのだろうか。序言でも触れたように、これは、ほかならぬ日本が自らの西洋化を進めるにつれて、自分たち自身が従来注がれてきた欧米からのまなざしを徐々に内面化し、その一種オリエンタリズムに満ちたまなざしを、今度は自分たちが、まだ西洋化が進んでいない他者――この場合、とりわけ同じアジアの近隣地域――に注ぎ始めたからだと思われる。

むろん、西洋から見られる異邦としての日本と、その西洋のまなざしを内面化した日本が見る異邦としての近隣諸国という、それぞれの絵葉書における表象の対象は、文化的には大いに異なっており、一概に単純な比較は控えるべきかもしれない。しかし、ここで紹介する絵葉書の図像を見る限り、両者の間にはやはり何らかの影響関係があるのではないかと、つい想像してしまう。それほど「まなざし」的に類似している表象が多く存在するのである。もっともこの共振は、おそらくほとんど無意識裏になされたであろうことも推察される。ただ、そうであればあるほど、逆にますますこの内面化されたまなざしの深さを証明することになっている。

まなざしの継承を確認するにあたって、「海岸」「滝」「神社と孔子廟」「官僚」「物売り」「家族」「芸者」「碁と麻雀」「軽業」「祭り」「美人」「子守り」「子ども」という十三のカテゴリーを設定した。これら以外にも多くのテーマにおいて類似する表象は存在する。ここではその一部の事例を示したにすぎない。強調したいのは、それぞれの図像が構図的に類似していることもだが、それほど類似しているように思えなくても、まなざしの背後に潜んでいる表象対象への関心の所在、つまり、なぜこのような被写体を選んだのかという内発的動機である。たとえば、「神社と孔子廟」や「祭り」においては、構図的な類似性はほとんどないのだが、西洋からのまなざしによって切り出された「見られる」対象としての神社や神輿をめぐる表象をたくさん見てきた経験によって、自分たちが「見る」側に転じた時、意識するしないにかかわらず、異なった文化の文脈における信仰の対象としての孔子廟や神々に扮した人形に注目したのだろう。

オリエンタリズムとは、もともとは西洋諸国が彼らにとっての東洋（オリエント）である西アジアを始めとする異文化のさまざまな事象に憧れや好奇心、あるいは恐れを抱きつつも魅了され、それらを表象するにあたって、歪曲・加工と抑圧・昇華の過程でなされる一連の差異化と称賛による再構成を通じて、対象をグロテスクにして華麗なイメージに織り上げていく、という意味で理解されてきた。しかし、エドワード・サイード（一九三五～二〇〇三）の解釈を敷衍すれば、その本質は、むしろそういった他者を異質なものとして規定する姿勢を内面化し、規定される側も同じ精神構造で外部を観察し、同様の表象を再生産することにある。本書が提示する日本とその周縁をめぐる「異邦」のまなざしの往還と交錯は、まさにオリエンタリズムの一典型と言えるだろう。

いわゆる「脱亜入欧」とは単に制度上のことではなく、このような他者へのまなざしそのものの中にこそ継承されている。あえて第三部を設け、両者の一部を重複掲載し、「受け継がれるまなざし」として提示した所以である。

海岸

「見られる」図像にも「見る」図像にも、海岸を対象とするものは多い。しかし、この神戸港と清津港を鳥瞰する二枚の写真ほど、ほとんど同様のアングルから捉えられたものは珍しい。

神戸（日本）　34頁

北鮮主要の貿易港清津港　123頁

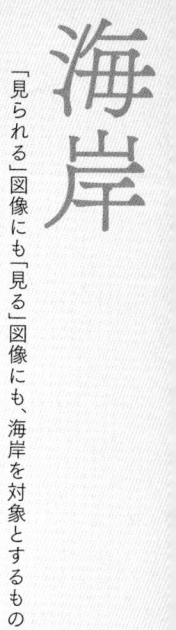

滝

布引の滝　27頁

彌勒佛
VIEW OF THE NINE DRAGON FALL (OUTER KONGO).
（外金剛）山中第一の巨瀑九龍淵の壯觀

山中第一の巨瀑九龍淵の壮観　123頁

日本と朝鮮半島とは地勢的に類似した場所が多く、滝が数多く散在している。滝に注目することは、「観瀑」という東アジアの伝統的な慣習によるものなのかもしれないが、異邦からの「見る」まなざしをそのまま借用した可能性もあるだろう。

神社と孔子廟

神社と孔子廟、それぞれの図像には、構図的な類似性はほとんど見られない。しかし、異邦からのまなざしによってなされた神社の表象を数多く見せられてきた日本人は、神社に代わる異文化の信仰対象として、ことにこの荘厳な孔子廟に注目したのだろう。

日当たりのよい神社　41頁

(吉林名勝)孔子を祀る文廟　149頁

官僚

足利時代の封建君主の衣装　50頁

蒙古の王様　181頁

地位の高い官僚の正装姿に対して尊敬の念と好奇心を抱くのは世の常である。ここに掲げたものは日本の封建君主と蒙古の王様だが、韓国や中国の高官を写した同様のスナップも数多く残されている。

物売り

［煮豆売り］　60頁

街を練り歩く物売りの姿は、東アジアの各地域ではどこでも一般的に見受けられる風景である。日本の物売りと朝鮮の物売りの両者に注がれたまなざしには、きわめて近いものを感じる。

鶏商人　128頁

家族

一家団欒を楽しむ家族のスナップである。上は東京某公園での花見、下は上海某公園での休息の風景となっている。どちらもその幸せそうで和やかな情景に惹かれたのだろう。

幸せな家族　57頁

A Chinese Family,
Shanghai.

[上海の家族]（第II部収録なし）

芸者

芸者や妓女を写したものは、「見られる日本」「見る日本」の双方に多い。日本の芸者、韓国の娘(この場合は妓生だろう)、そして中国の妓女。まなざしの継承の軌跡が見事に表れている。

[芸者]　64頁

朝鮮娘　137頁

粉黛に映ゆる美妓　217頁

碁と麻雀

麻雀が日本で認知されるようになったのは大正末期からだと言われる。碁と同様、麻雀に熱中するのはそのほとんどが男性である。碁を打つ日本人女性と麻雀を打《ぶ》つ中国人女性、どちらも大変珍しがられたに違いない。

“碁”の遊び　83頁

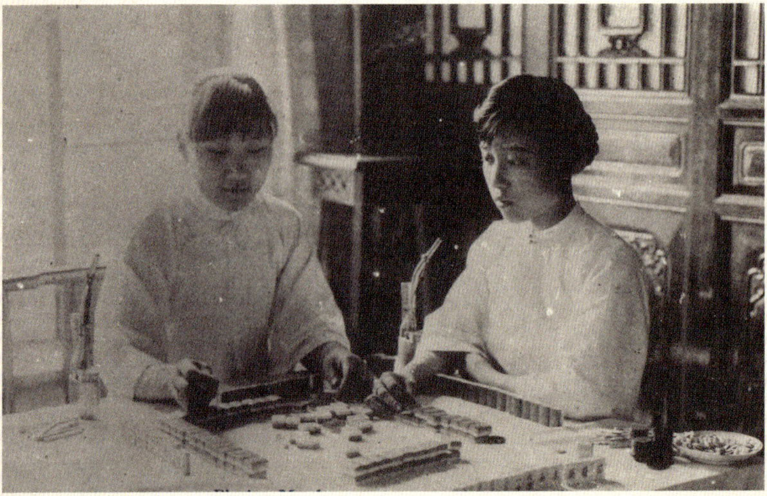

麻雀　215頁

軽業

軽業師　81頁

玩芸　172頁

子どもを使った大道芸は、東アジアでは珍しいものではない。中国ではそのまま雑技団の演技につながったが、日本では、戦後にはその妙技はついに見られなくなってしまった。

祭り

八百万の神を仰ぐ日本には無数の祭りがあるが、中国とりわけ北方中国では、祭りの数は比較的少ない。「娘々祭」は少ない祭りのなかでも最大のものとして、日本から来た異邦人に大いに注目されたのだろう

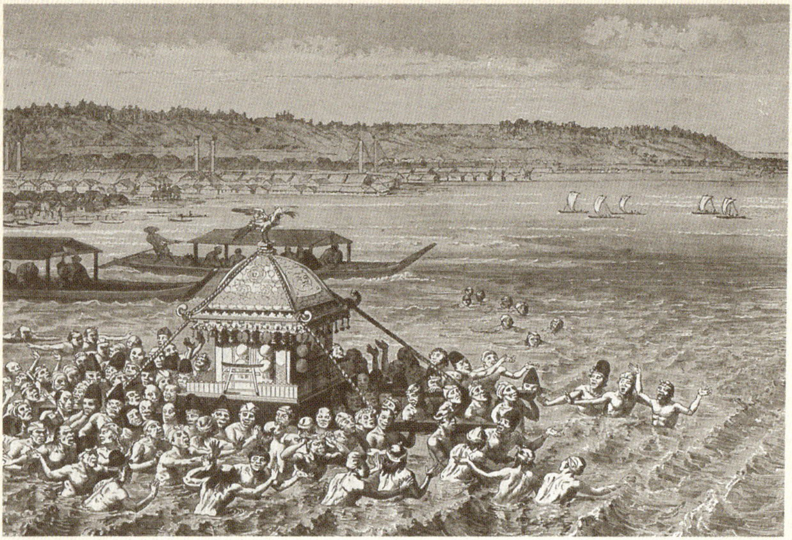

オーレン(鳳輦)すなわち“不死鳥の車”の渡り(神輿渡り)　90頁

LIVING DOLLS AT FESTIVAL OF
NIANG-NIANG TEMPLE, DAISEKKYO.
(大石橋)娘々祭當日の呼物生人形

(大石橋)娘々祭当日の呼物生人形　173頁

美人

美人の表象は、古来、数え切れないほどなされてきた。その「継承」関係を見つけることはけっして難しくない。それにしても、団扇を持つ東京美人と扇子を持つ満洲美人、まさに好一対である。

東京美人　63頁

満洲美人　175頁

子守り

日本の母と子　99頁

労働時の習慣の違いから来たのだろうか。子どもをおんぶする日本の母親と、子どもを抱っこする朝鮮の母親、その差を示す図像がきわめて多い。ただ、両者へ向けられたまなざしはどちらも温かい。

庶民親子　138頁

子ども

子どもを一つの人格を持つ存在として描いたり写したりすることは、きわめて西洋近代的な行為である。肖像としてでもなく遊んでいる姿でもなく、わざわざ子どもの集団写真を撮るということに、やはり異邦からのまなざしが強く影響しているのだろう。

日本の子どもたち　107頁

FAMILY IN FULL DRESS. MONGOLIA.
（蒙古風俗）盛裝せる蒙古人の一族

盛装せる蒙古人の一族　183頁

映像資料の収集について

❖あとがきにかえて❖

白幡洋三郎

私はさぼりである、ぐうたらである、とにかくなまけものである。もちろん研究者を名乗っているからには、ある研究テーマに向かって、熱心に取り組むことが無いわけではない。しかし、すきあらば手を抜きたいと考えるたちの人間である。

あるテーマで研究を完成させたいと思う。そういう時、目の前に数千冊の文字だけの本があり、これを読みつくさなければ完成はおぼつかないとわかれば、私は迷うことなく、さっさとこのテーマを降りる。

いや、こう記しつつも、私にはまだ見栄が残っていた。正直を言えば、数百冊、数十冊でも……、いや数冊であっても私のやる気を萎えさせるに十分なときはある。万巻の書を読み、といった姿勢は私のものではない。

ある研究テーマで論文を完成させたいと思う。そのとき、テーマに関係する写真、地図、絵はがきなどが手にはいれば、じつにありがたいと思う。一枚の写真が何百ページに及ぶ本や論文より、対象を鮮やかに描き出していることがあるからである。私はその写真をもとに自分のテーマを確かなイメージにつくりあげようとする。ただ、その写真一枚だけで私の論文よりはるかに伝えたいと思う内容が読む人に伝わるのであれば、私のけなげな論文作成の目標も、一葉の写真によって、みじめに息の根を止められてしまうということにもなる。映像資料は、ぐうたらを許す心優しいメディアではない。研究者にとっては、実に恐ろしく手ごわいメディアなのである。

さて、国際日本文化研究センターの図書・資料収集計画では日本文化に関する図書の他に、映像・音響資料の収集を事業として挙げている。これまでは、研究遂行のうえで二次的な資料として取り扱われることが多かった映像・音響資料を、日本文化研究の重要な資料として位置づけたいと考えるからである。なお、ビデオのように映像と音響が不可分一体のものもあるが、音響資料は別に検討するとして、ひとまず映像資料のみについて考えてみたい。

コンピュータ利用の情報学の世界では、静止像を中心とする「画像」と、動く「映像」とを区別している。しかしセンターでは現在のところ、画像と映像を情報学のように厳密に区分せず「映像」として一括して考えている。そして、収集すべき映像資料として、次のようなものを考えている。

1 写真・スライド　2 地図　3 ポスター　4 絵はがき　5 映画　6 ビデオ

従来の日本文化研究のなかでも、地図は大事な資料として扱われてきた。写真も同時代の状況を視覚的に再現する上で評価されてきた。そこで、研究の成果をもっぱら文字によって公にする現在の学問の世界でも、地図や写真は、挿絵として公表の晴れ舞台に姿を現していたのである。しかしながら大学・公共図書館等においては、地図はまだしも、写真・

絵はがきとなると、図書のような整った分類体系を持ち合わせていない。そのせいで、ある対象が写っている写真を図書館で捜そうとしても大きな障害にぶつかる。欧米の主要国には、写真ライブラリーやフィルムライブラリーと称する施設があるが、それもまだ十分に満足できるものではない。しかしその程度の活動すら、日本ではまだ見るべきものが無い、というのが現状であろう。図書や論文の晴れ舞台に登場する写真や地図は、使われるべくして使われたのではなく、著者の熱意によってたまたま見いだされ、あるいは取り上げられた偶然の結果でしかないのである。

私は、映像資料を日本文化研究にとって必須の資料と考え、図書と同じ程度にだれもが利用できるシステムにのせたいと考えている。つまり、ある目的をもっていれば図書と同じように、映像資料が検索可能となるシステムをつくりあげたいと考えているのである。

当センターは、研究活動と研究協力活動を二本の大きな活動の柱にしている。研究協力活動は、センターが蓄積した研究情報の提供とパーソナルな研究交流を目的とする国際研究協力にさらに二大別できる。映像資料の収集並びにその検索のコンピュータ・システム化は、研究活動と連動して行われ、その成果は研究情報の提供にはもちろん、国際研究協力にも、重要かつ強力な武器になるのではないかと私は考える。というのは、映像資料は文字や言語と違って、文化を越えた共通の理解を生む普遍性を多く備えているからである。

日本語を一語も理解できない研究者であっても、写真や絵はがきに写っているものがなんであるかは、ある程度理解できる。ところが百聞は一見にしかずというのは、研究の世界ではおろそかにされてきたきらいがある。たとえば一枚の写真からは、実に様々な情報を読み取ることができるが、従来の知的特権者による研究の世界では、多様な解釈を許す写真のようなメディアは、その性格から逆に厳密な情報伝達の手段としては軽蔑されてきた経歴をもつ。
私が冒頭で述べたことは、自らの怠惰な研究態度を隠ぺいするため映像資料を利用しようとする、ふらちな意図と受け取られかねないが、映像資料の重要性は、そんな意図をはるかに越えたものとして存在する。私の意図は、単に怠け心からでてきたものではないのだ。いや、あまり強調すると、よけいに怪しまれる。このへんでやめよう。もっとも、ふらちな意図が合理的に運べばこれほどすばらしいものはないと私が考えているのは事実であるが。

（『日文研』第一号、一九八八年より抜粋）

［付記］本書掲載の絵葉書等のタイトル表記には、現代では不適切と思われる表現が含まれているが、歴史的・学術的観点から、そのまま用いた。

白幡洋三郎（しらはた・ようざぶろう）
1949年大阪府生まれ.
現在，中部大学人文学部特任教授，
国際日本文化研究センター名誉教授.
農学博士（京都大学）.

劉　建輝（りゅう・けんき）
1961年中国遼寧省生まれ.
現在，国際日本文化研究センター教授.
文学博士（神戸大学）.

異邦《いほう》から／へのまなざし

見《み》られる日本《にほん》・見《み》る日本《にほん》

2017（平成29）年5月17日発行

編著者	白幡洋三郎
	劉　建輝
発行者	田中　大
発行所	株式会社　思文閣出版
	〒605-0089　京都市東山区元町355
	電話　075-533-6860（代表）
装幀	鷺草デザイン事務所
印刷・製本	株式会社　図書印刷　同朋舎

©Printed in Japan 2017　ISBN978-4-7842-1896-7　C1039